文春文庫

小林麻美 I will

延江 浩

文藝春秋

プロローグ

息子は紺のスーツを着ていた。

祖母（小林麻美の母）の葬儀で着たスーツだ。

大学を卒業し、就職した息子が初出社する、気持ちよく晴れた朝だった。

ドアを開けて出て行く後ろ姿を、気を付けて行ってね、と見送った小林麻美の目に、青空が飛び込んできた。

「その時ふっと、なんて幸せだったんだろう、と思いました。これで子供を育てるという第一幕は終わったって。息子は巣立っていった、さて自分は次にどこに行くのだろう。そのまま、ここにいるのではない気がした」

伝説のミューズ「小林麻美」。

石岡瑛子のアートディレクションによるＰＡＲＣＯのＣＭ「淫靡《いんび》と退廃」で注目され、松任谷由実が日本語詞をつけ、プロデュースした「雨音はショパンの調べ」（１９８４

年）が大ヒット、それまでの日本女性のイメージを覆すアンニュイな女性を象徴し、長い髪が長身に映えたファッションは和製ジェーン・バーキンと称された。「女が女に憧れるロールモデルになった」とは、ユーミンの言葉である。

しかし、彼女は1991年に突如引退し、表舞台から姿を消してしまう。

10代の頃から芸能界とモードとの世界を行き来し、最先端のアーティストたちと交友したその存在感はますます謎めき、一方で世の中は「若くてカワイイ」少女像が席巻するアイドル全盛期になっていった。

「小林麻美」の知られざる半生とはいったい、どのようなものだったのか？

なぜ、姿を消したのか？

「（当時の）引退は自分なりの禊《みそぎ》だった」と麻美は振り返る。

「私は自分を何層もの蠟《ろう》で固めていた。でも、これからはその蠟を溶かしていこうと思う」

彼女はゆっくりと語り始めた。少女時代の記憶、ユーミンこと松任谷由実との友情、そして、夫となった田邊昭知《たなべしょうち》との日々を……。

目次

小林麻美　I will

Chapter 1
再会

マガジンハウス発行の雑誌「クウネル」２０１６年９月号の表紙で、小林麻美は右手を頰に当て、婉然《えんぜん》と微笑んでいる。四半世紀ぶりにメディアに登場した彼女の美しさは、衝撃的だった。その表情は25年の空白、そして彼女が生きてきた六十数年の奥行きとその時代を物語っているように見えた。

そんな復帰は偶然の再会から生まれた、と麻美は思う。

東日本大震災が起こった年の夏、永年の盟友であったモデル事務所ナウ．ファッション．エージェンシー（現・N・F・B）社長、岩崎アキ子と、外苑前にあったレストラン「セラン」でばったり再会したのだ。それこそ30年ぶりに。

「ママ友とランチしていてトイレに立ったら、そこで。岩崎さんとは、あ、あら、とお互い言葉も出なかった。それだけご無沙汰でした。息子が大学を出るまで友だちといえばママ友。息子を中心に生活が回っていたんです」

麻美は2014年、日本服飾文化振興財団設立時に自らのイブ・サンローランコレクションを寄贈したが、それは再会した岩崎の勧めもあった。

彼女のサンローランコレクションは180点余り、一頃《ひところ》は私服の7割に達した。クロゼットに仕舞いこんでいたが、古着屋に売る選択肢はなかったし、人に譲ってばらばらに散逸するのも惜しかった。

「財団にお嫁に出そう、という気持ちでした」

匿名での寄贈を考えたが、「それはダメと言われ、本名の田邊稔子《たなべとしこ》ならと。でも、結局説得されて『小林麻美』という名前で寄贈することになったんです。『小林麻美』を名乗るのは、引退以来のことでした」

コレクションを引き取りに来た財団の担当者がコレクションを運び出していくのを眺めていると、ふとピンクのトレンチコートが目に入った。田邊昭知と初めて出会った時に来ていたコートだった。

「あの、そのトレンチだけは残してくださいますか？　他はすべて持っていって構わないから」

その一点だけ、手元に残す麻美だった。

岩崎の目に麻美はどう映った？

「麻美さんと再会して、食事をしたりお芝居を観たり、そうこうするうちに、せっかくだから何かやりたいねと。そうしたら、ぱっと美代子さんの顔が浮かんだの」

美代子さんとは、マガジンハウスの雑誌「Ｏｌｉｖｅ」で「Ｏｌｉｖｅ少女」ブームを巻き起こし、「ａｎａｎ」でも80万部の売上部数を記録した伝説の編集長、淀川美代子である。

岩崎と淀川美代子は、「ａｎａｎ」の創刊準備室時代からの友人だった。

「マガジンハウスが平凡出版だった頃。あれは１９６９年。美代子さんは木滑《きなめり》良久さんや石川次郎さんといった先輩編集者の下で働いていた。私もしょっちゅう出入りしていてね」

当時、平凡出版社屋は東銀座、歌舞伎座裏にある木造だった。

何もかも新しい雑誌を作るのだからと、そこから六本木に移って創刊準備室を置いたのは木滑（マガジンハウス最高顧問　２０２３年7月13日死去）だった。

六本木にはファッションに限らず、音楽にしても最先端の人やモノが集まっていた。「世の中に大人なんていない。子どもが大きくなっただけ」と考える木滑の持論は「まず自分が楽しむこと。そうじゃないと読者に何も伝わらない」。

持ち前の熱意で経営陣を説得し、六本木の土地を買い、そこにビルまで建ててしまう。国際文化会館と東洋英和女学院のそば、ロアビル隣の３階建て。考えてみれば東銀座から六本木までは地下鉄日比谷線でほんの10分強。「なら、そこに作戦基地を作っちゃえってね」

三島由紀夫や伊丹十三、立木義浩が面白がって作戦基地に顔を出すようになった。音楽や映画の評論家として売り出し中だった今野雄二、グラフィックデザイナーの堀内誠一、作詞家でエッセイストの松山猛らの若手も。木滑は編集費を彼らのためにどんどん使った。そして、海外へ送り出した。

多摩美術大学を出たばかりの大橋歩に表紙を描かせた「平凡パンチ」が生まれたのは東京オリンピック開催の1964年だった。世界から観光客が日本へ押し寄せたが、帰りの便はがらがら。それを使えば割安でヨーロッパへ行ける。そこに着目した木滑はコシノジュンコら若いファッションデザイナーに声をかけ、イラストレーターの和田誠やカメラマン篠山紀信も便乗した。現地に行って本物を観る。クリエイティブにとってそれがいかに大切なのかを木滑は知っていた。

「いや、あいつら六本木で旨いもんばっかり食べてやがるとか、仮払金や必要経費を地下鉄で運んで泥棒にやられたらどうするんだとか、そんなやっかみも聴こえてきてね」と苦笑するが、気にする木滑ではなかった。「会社に『東京バスケットボーイズ』なんていうチームがあったんだけど、そいつらを呼んできて準備室の庭にバスケットゴールを立てて遊んだり。そうそう、ゴールネットのところに『ａｎａｎ』のロゴを貼って、そこにボールを放ったのは受けたなぁ」

　女性誌の経験のなかった木滑は「平凡パンチｆｏｒ ｇｉｒｌｓ」女性版で新女性誌編集スタッフを募集する。そこに応募してきたのが淀川美代子だった。叔父が著名な映画評論家の淀川長治だったことから彼女の名前は知っていた。

「ファッションコラムを担当してもらったんだけど、編集部の電話が鳴りやまなくなった。誌面の商品がどこで売っているのかの問い合わせでね。美代子の判断基準は自分。消費者の自分が金を出して買って、満足したものだけを紹介していた」

「淀川さんのセンスは断然他の女の子と違っていた」とはクリエイティブ・ディレクターでライトパブリシティ社長の杉山恒太郎である。「神戸生まれで、母親は『ラール・エヴァンタイユ』という外国雑貨店を開いていた（ＲＡＲＥ《ラール》 ＥＶＥＮＴＡＩＬ《エヴァンタイユ》＝フランス語で『珍しい扇』）。そんな言葉を店名にするなんてものすごくハイカラでしょ。何しろ、学校なんて休んでいいから映画を観なさいなんていう家庭に育ったんだから」

　出版界は耳が早い。淀川は雑誌界一の美少女と噂にもなった。

「ａｎａｎ」創刊が１９７０年、彼女はそのスタッフになり、それに呼応して岩崎アキ子もモデル事務所を立ち上げる。

「ファッションは国籍も性差も関係ない。だからやっていけるんじゃないかって何となく思ったの。でも会社の名前だけはきちんと決めましょうって。『今』が大事だから、ナウ．ファッション．エージェンシーに。世に出たばかりの『ａｎａｎ』に、私のところのハチャメチャなモデルたちが毎号登場したんです」

麻美の復活劇を取り仕切ったのは、この岩崎アキ子と淀川美代子。

「麻美さんを加えて女３人ね」と岩崎は笑う。

「木滑さんの教えを守っただけ。面白そうだからやったんです。マーケティングや計算？　そんなことは考えなかった。『何だか面白いから』やったまで」

２０１６年3月号からのリニューアルとともに「クウネル」編集長を引き継いだ際、淀川はこんなステートメントを出している。

私が編集長を務めていた、「オリーブ」にわくわくして「アンアン」にドキドキしたそんな若き日の読者ももうすっかり大人の年齢に。

いまは昔のようにときめく雑誌がないと嘆いている彼女たちに、

もういちど私が編集する新生ku:nelに心躍らせてほしいです。

（「クウネル」２０１６年3月号）

淀川に当時の話を聞いたのは、２０２１年に彼女が亡くなる2年前だった。

「その『クウネル』に麻美さんに出てもらうのは、逆立ちしてもダメだろうと思っていた」淀川に岩崎から連絡が入る。

「『麻美さん、仕事を再開するけど、そちらでどう？』って。『はい、やらせていただきます！』。二つ返事でお受けし、その足で岩崎さんの事務所に急いだんです」

岩崎の待つ皇居前・半蔵門へ急いでいた淀川は、ふとジーンズに縦縞《たてじま》のジャケット姿の女性がイギリス大使館裏のコンビニに入るのを見かけ、もしや？　と思った。が、明確にはわからなかった。もし女優にオーラというものがあるとしたら、その女性からはその光が感じられなかったからだ。

「やっぱり25年間のブランクがあるのかなって。でも、本番に向けて何回か打ち合わせを重ねていくうちに、小林麻美さんはどんどん綺麗に、生き生きとしていった。麻美さんと岩崎さん、そして私とごく内輪でプロジェクトを進めたんですけど、私はすごいな、さすがだなってずっと思っていました」

半蔵門での秘密の会合から半年後、撮影当日。

「カメラマンもスタイリストも30代。25年前の麻美さんを知るわけがない。そりゃそうよ」と淀川が両手を広げた。「だからその子たちには『雨音はショパンの調べ』を聴いてもらって、ＹｏｕＴｕｂｅで当時の麻美さんの動画を観てもらい、こんな女性がいたのよって。そこから始まりました」

「ku:nel」2016年９月号（マガジンハウス）表紙
表紙撮影・岡本充男

四半世紀ぶりにカメラの前に立つ麻美だった。プロにメイクしてもらうのも同様。当日の朝、自然光が降り注ぐ東京湾に面した新木場のスタジオに入るまで不安だった。

衣装は私物。日本服飾文化振興財団に寄贈したサンローランのヴィンテージコレクションから黒のタキシードを自分で選んだ。

60年代に「スモーキング革命」なるムーヴメントを起こしたサンローランは「男性の服は、女性が着た方がはるかに美しい」と信じた。フランスで「スモーキング」と呼ばれるタキシードがその象徴だった。そんなエピソードを知っていた麻美は自分の復活劇の衣装として選んだのだった。

「彼（サンローラン）の服が持つ上品さと際どさは紙一重。そんな危うさを秘めているところにたまらなく惹かれるんです。胸元が鋭く開いたジャケットも、大胆なスリットにしても、恥ずかしいと思ったり、下着が見えるかどうかを気にするくらいなら、いっそ着ない方がいい。覚悟をもって着ないと本来の魅力が発揮されなくなってしまう」

「覚悟をもって着る」という言葉以上に、当日の彼女の心境を表す表現はなかった。

「小林麻美さん　伝説のおしゃれミューズ衝撃の登場！」。これが復帰に際してのキャッチコピーだった。

「自転車を久しぶりに漕ぐ気分だった。でも、できた。自然に。ずいぶん乗っていないから難しいかもと思っていた自転車だけど、すっと乗ることができた。カメラマンの指示に自然に動くことができて、自分でも驚きでした。昨日も撮影していて、きっとこれが明日もつづくんだって思うくらいに」

連写するカメラのシャッター音が心地よかった。

小林麻美が表紙を飾った「クウネル」は多くのメディアが注目する復活劇になり、新たな伝説の一ページがめくられた。

「彼女の登場は発売日まで極秘でした」と淀川は回想する。「印刷会社にも秘密扱いをお願いして、発売当日は銀座にあるマガジンハウスの『電飾掲示板』に広告をバーンと打ってスクープっぽくね。麻美さんを知っている40代から50代の読者が支持してくれて、姿を消していた25年間が本当にいい時間だったと思わせる表紙になりました。他社さんは、(麻美さんが)よく出たわねーって、びっくりしていた」(淀川)

「麻美さんにも、世間にもマグマが溜まっていたのかもしれないわ」と岩崎が語り、麻美の表紙を眺めながら「彼女は口元に右手を添えるのが好きみたい」と淀川が呟いた。

松任谷由実という親友にして最高のアーティストとのある種の共犯関係が作り上げた「女が女に憧れるロールモデル」となった小林麻美は、忽然と姿を消した。しかし岩崎アキ子、淀川美代子という、これまた伝説と言われる女たちとの企てによって再登場した麻美は、人生の旅を経て程よく熱が冷め、慈愛に満ちた笑みと芳醇な香りを振り撒きながら、また別次元の存在感を示したのだった。

麻美はクウネルにコラムを書き始める。タイトルは「小林麻美の試行錯誤」——。

「いくつになっても試行錯誤。麻美さんらしいわ」と岩崎と淀川は微笑んだ。

コラムには麻美が撮った写真も掲載された。

「フィルター越しの世界っていうのかな、現実そのものより一枚膜を通して眺める世界が好きで、写真や絵画にしても近松（門左衛門）が言う『虚実皮膜《きょじつひまく》』というのかな。そうした耽美的なものに興味があったんです。でも、好きだったカメラも、息子が学校に通っていた時期は触れたこともありませんでした。運動会や遠足で、やれお弁当だの、成績を上げるにはどの塾がいいだのって、それで一日の大半が終わっていたから」

彼女の奥底には「自らを表現したい」という欲望があった。加齢に抗《あらが》うのではなく、年齢に応じたやり方で。

ココ・シャネルに「ストイシズムとやりたいことを共存させる」という言葉があるが、麻美にも「禁欲とやりたいことの葛藤」があった。彼女は現実と向き合い、自分を調整、変容させていった。

「子育てでキャリアを中断せざるを得ないことはもちろんある。でも次というものがあると信じたい。だから諦めずにやろうよって。看護師にしても教師にしても、主婦にしたって料理がある。それまでに積み重ねたキャリアは必ず生かせるはず。私は、これからはやりたいことをやると決めた。やらずに後悔するのは嫌。普通は逆ですよね。守りに入る年齢ですから」

10代だった麻美がよく聴いたローリング・ストーンズに「タイム・ウェイツ・フォー・ノー・ワン」（1974年）なる曲がある。「歓びに身を任せているうちに、星は巡り、時は流れていく」との歌詞があり、「時は誰も待ってくれない」とリフレインされる。ミック・テイラーのギターソロは、ダンスをしながら人生の螺旋《らせん》階段を上っていくようだ。

「年をとったらとったで、経験を積み成長した視点から眺めた風景を歌にすればいい」とミック・ジャガーがこの曲にコメントを寄せている。「今さら若者の目から見た歌を描くのも馬鹿馬鹿しいし、だからといって年老いていくという視点から描くというのもしたくない」

麻美は言う。

「あの頃は輝く人がいて、日本も元気だった。時代の熱量というか、コマーシャルでも雑誌のグラビアを撮影するのも一発勝負。だからこそみんな集まってはああだこうだって大騒ぎ。今みたいにデジタル修整なんてなかった」

憧れる人、憧れる文化、憧れる小説、映画、ファッションがあった。

こうして活動を再開した麻美にも、まだ取り戻していない絆があった。

ユーミンとの交流である。

双子のように親しい二人だったが、「きっぱり親交がなくなりました」とユーミンは語った。しかし、「それで良かった」とも。「麻美ちゃんは神隠しみたいに姿を消してしまったけれど、気持ちは繋がっていると思い続けた25年でした」

私が小林麻美と、ユーミンのコンサートに出かけて行ったのは２０１９年春のことだった。日本武道館で開催された「タイムマシーンツアー」ファイナルのステージである。45周年を迎えたユーミンの音楽人生を惜しげもなく披露、楽曲を通してこれまでのライブの名場面を彷彿させながらファンタジーとノスタルジーを自在に行き来する松任谷正隆の演出が評判を呼んでソールドアウトが続出、追加公演が次々に打たれ、全国40万人の動員となった。

「あぁ、ドキドキする」

スタンド席に座るなり、麻美はひとりごちた。

ここ武道館は１９６６年に母とビートルズ来日公演を観、88年は自身のコンサートで「雨音はショパンの調べ」を歌った会場だった。

麻美の出で立ちはリーバイスのブラックジーンズに生成りのコンバース、黒地に水玉のブラウスというものだった。

「ベルベット・イースター」に続く「Ｈａｐｐｙ Ｂｉｒｔｈｄａｙ ｔｏ Ｙｏｕ～ヴィ

ーナスの誕生」でブラウスの白い水玉が細かく揺れた。もともとこの曲はたった一人で子どもを産んだ麻美のために、かつて彼女に提供した曲をユーミンがリメイクし、贈ったものだった。

武道館に集まった観衆1万3千人、一人一人の青春をユーミンは呼び起こし、失われた日々に出会える奇跡の一夜をプレゼントしていた。

コンサートが終盤近くになると麻美がしくしく泣きはじめ、ユーミンが夫の松任谷正隆をステージに呼び、彼の演奏で「卒業写真」を披露するサプライズの段ではとうとう両手で顔を覆ってしまった。

終演後の楽屋で、多くの関係者に紛れるようにして麻美はユーミンを待っていた。繊細さと過激さが波のように繰り返された彼女のライブに、過ぎ去りし自らの感情の断片を甘美に思い出しながら。

楽屋にはテレビカメラが入っていたが、撮影が終わるなりユーミンは麻美を見つけ、その場で強く抱きしめた。

「近々会おうね、と楽屋で約束して、それから5、6日後にはもう西麻布のキャンティでごはんを食べていた」

彼女たちは会えなかった隙間を埋めるように連絡を取り、時間を見つけては会った。

「会わなかった空白が全部飛んじゃって、まるで昨日も一緒にごはん食べたみたいな感じ。いつもの席でいつものものを食べて。彼女はずっとスーパースターでいて、私は母親の日常しかやってこなかった。でも、ぜんぜん違和感なかった」

翌年2月には苗場スキー場で開かれたユーミン恒例のリゾートコンサートにも出かけて行った（SURF&SNOW in Naeba）。

「みなさ〜ん！　今日はスペシャルなゲストが来ているんです」

ステージにユーミンが麻美を呼んだ。

「親友の、小林麻美さん！」

「苗場プリンスホテルのブリザーディウムで『雨音はショパンの調べ』を二人で歌ったことがあったの。ユーミンが一番、私が二番を歌って、そのあとデュエットで。35年前かな、あの歌がちょうどヒットした頃、同じ苗場だった。

『こんな日がまた来るとは思わなかったよね』

『いろんなことがあったよねえ』

ステージで抱き合って、また泣いちゃった。私たち年とって涙もろくなって、すぐ涙が出てしまう」

今はもういないムッシュ（かまやつひろし）と3人で遊んだ銀座で落ち合い、6丁目のドーバー・ストリート・マーケットでショッピングしたり、「その後もけっこうご飯食べに行ったりしている。私たち、まったく正反対なんだけど、根本は似ているかもしれない。男の人の趣味とかはまったく違ったりするんだけどね。（松任谷）正隆さんはカッコいいもん。私は面食いじゃない」

ユーミンがCharと対バンをやると聞けば、麻美も駆けつけた（Music Supreme Char／松任谷由実）。

70年代前半に、10代で出現した天才ミュージシャン二人の対バンは、同世代のファンが集う同窓会のようなノリになった。

「ようこそ！　今日は昔、不良だった二人でお送りします」

とユーミンがマイクを握れば、Charは、

「二人でライブをやるのは、僕の還暦祝いライブ以来」

「今日は〝ロック・ティーン〟に戻りたい人が集まっている。東京の不良を、思いっきりぶちかましましょう！」

とユーミンが手を挙げる。忘れかけていた「不良」という言葉のもつかぐわしさに、麻美も「イエーイ！」と大声でレスポンス。

そう、小林麻美はそもそも、東京で一番有名な不良少女だったのだから。

Chapter 2
誕生

小林稔子《としこ》は10代でモデルにスカウトされて「小林麻美」になり、歌手、女優としても活躍した時代のミューズであった。彼女が持っていた「小林麻美」に関する写真はそれこそ何万枚もあるが、その中でひときわ目を引くのが、裏面に「昭和二十一年元旦」と書かれた一枚である。

２００８年、84歳で亡くなった彼女の母・小林澄子《すみこ》が残していた。昭和21年、１９４６年だから、彼女はまだ生まれていない。

父の小林禎二《ていじ》は59歳でこの世を去ったから、母はずいぶん長い間未亡人だった。

身長１８０センチ近く、スーツの夫の傍らで澄子は大島紬を着ている。父の三つ揃えは、母の見立てであろう。

大正８（１９１９）年生まれと13（１９２４）年生まれ、26歳と21歳の、街で評判の美男美女だった。写真の裏の「昭和二十一年元旦」とは、禎二の文字だ。敗戦から半年後、復員した夫とその妻。東京・大森で二人だけの正月である。

これは、結婚の翌年の写真だ。戦争中、他の兵隊より頭ひとつ大きい禎二は、何かあると一番最初に殴られたと言っていた。

小林家には娘が二人、姉の郁子《いくこ》は1947年に生まれ、稔子は53年である。しばらくは芸名の「小林麻美」ではなく、本名の小林稔子と呼ぶことにする。

稔子が子どもの頃はみんな、雑誌を見て「これを作ろう」などと言い、服はオーダーしていた。ピアノの発表会の時も小林家の姉妹は揃いのワンピースを着て、帽子を被っていた。母の着物を整理していた時、その中に道行《みちゆき》があった。それも紗《しゃ》と絽《ろ》の真夏の。昔の人はおしゃれだったんだな、と稔子は思った。

ロマンチストの父だった。背の高さは娘も血を継いだ。小学生時分の写真を見ると、他の子より頭一個分大きい稔子だった。母は「アサヒグラフ」のモデルを頼まれるほどの美人だったが、いい男と、いい女の家庭が必ずしもうまく回るわけではないのだと、稔子は子ども心に不条理を感じることもあった。

稔子の父には、女性が何人もいた。

「こんな綺麗なママがいるのに、パパはなぜ他のひとがいいのだろう」

父は自分の会社がある埼玉県の与野に別宅を構えており、娘に女性の存在を隠さなかった。

父・小林禎二（左）と母・小林澄子。
裏面に「昭和二十一年元旦」とペンで書かれている

松林が続く大森海岸はかつて景勝地だった。歌舞伎の演目で有名な鈴ヶ森刑場跡もある。料亭悟空林《ごくうりん》はその中心で、戦後は進駐軍専用の慰安所となり、その後営業を再開した。

「私の原風景は海です。京急（京浜急行電鉄）の大森海岸駅もすぐそばでした。海辺で育ったという感じです。第一京浜ギリギリまでが海でした。今、競艇場のある平和島も海。（1964年の）東京オリンピックで高速道路ができた。もっと前の記憶では渡し船に乗っています。駅を降りると、潮の香りがぷーんとして。海辺が全部料亭だった。高校に上がったときに『悟空林』が火事になり、延焼で多くが焼けてしまいましたけど」

稔子の父、禎二は、「ひ」と「し」の区別がつかないべらんめぇ調、富岡八幡宮のある江東区門仲《もんなか》（門前仲町）生まれの江戸っ子だが、母・澄子は北海道帯広市の生まれである。

澄子の父は新聞記者だった。小学校に上がる頃、母親が亡くなり、澄子は東京の大森で美容学校を経営していた母の姉に養女として貰われることになった。妹は北海道に残って札幌の酒造家に引きとられた。裕福な家で、藤女子に通うことになる。

戦前の大森は花街で、正月には芸者が列をなし、澄子の義母は一挙に100人の日本

父と、父のバイクで。幼稚園の頃

髪を結った。文化人、政治家や実業家の邸宅が建ち並ぶ大森・山王に大きな美容院を持っていた。大森の親戚はみんな美容師で、澄子もそのまま美容師になった。

娘の稔子も何の不自由のない暮らしぶりだった。澄子は自分が娘時代にやりたかったことを稔子にやらせた。20歳で名取を取った日本舞踊もその一つだ。

「どんなにダメな母親でも、子どもはやはり（本当の）お母さんがいいのよ」が澄子の口癖。

「だからあなたも将来結婚したら、離婚するとか、そういうことは絶対にダメ」

そう娘に言った。

澄子には自由に使える金はあった。大きな美容院の娘として世間からお嬢様と呼ばれて育ったが、どうしても遠慮があった。孫の稔子もそれを微妙に感じとった。

「本当のおばあちゃんではないので、なんとなく距離感があった」と回想する。

「私は亡くなった帯広のお母さんが恋しいの」

稔子は澄子から、そんな話をいつも聞かされた。

Chapter 3
東京オリンピック

オリンピック、オリンピック。

こう聞いただけでも、わたしたちの心はおどります。

全世界から、スポーツの選手が、それぞれの国旗をかざして集まるのです。すべての選手が、同じ規則に従い、同じ条件のもとに、力を競うのです。遠くはなれた国の人々が、勝利を争いながら、なかよく親しみあうのです。

オリンピックこそは、まことに、世界最大の平和の祭典ということができるでしょう。

（「五輪の旗」『小学校国語　六年下』学校図書）


大田区立入新井《いりあらい》第一小学校。白いハイソックスに赤いランドセルで通った稔子の思い出といえば、靴箱、掛け時計、扉や窓に注ぎ込む日の光だった。ガリ版刷りのわら半紙が配られ、クラスみんなで唱和した。

参加93の国と地域の国旗はためく中、クラスメートと一緒に第一京浜沿道に並ばされ、日の丸の小旗を小刻みに振った。背の高い稔子はひとり目立った。日の丸の布を胸に縫いつけた白いランニングシャツと短パン姿のランナーは聖火を掲げ、そんな稔子を一瞥《いちべつ》しながら瞬く間に走り去っていった。

１９６４年10月10日の開会式を自宅のテレビで観た。

古関裕而作曲の「オリンピック・マーチ」に合わせてまずギリシャ選手団が登場、アメリカの選手はカウボーイハットを、インドの選手はターバンを巻いていた。深紅のジャケットに白のボトムスの日本選手団は93の国と地域、７０６０人の選手たちの最後に入場した。姉に誘われ外に出ると、真っ青な空に自衛隊の戦闘機が大きな五つの輪を描いていた。

戦後初の国産旅客機ＹＳ－11がアメリカ占領下にあった沖縄から聖火を鹿児島に運び、スイス以外のメーカーで初めて公式計時にＳＥＩＫＯが採用された。

稔子は10歳、小学５年生になっていた。

休日はママと京浜東北線に乗って銀座に出る。ママは美容師さん。とびきり美人でおしゃれで、自慢のママだ。

仕事部屋で、いつもは図面やうんと硬い鉛筆や、雲形定規に囲まれているパパは、髪を柳屋のポマードで固めてバイクのエンジンを気持ち良さそうにふかしている。ポマードはパパの匂いだ。

父はすぐにどこかへ行ってしまうのだけど、他の女の人のところ？ とは口が裂けても言えなかった。子ども心に聞いてはいけないこと、聞いたら終わってしまうかもしれないことがあるのを感じていた。風呂ではよく、木更津甚句を口ずさんでいた。

ハアー　木更津照るとも　東京は曇れ
かわい男が　ヤッサイモッサイ
ヤレコリャドッコイ　コリャコーリャ　日に焼ける

（千葉県民謡「木更津甚句」）

大森はいつも海の新鮮な匂いがした。

優しくてユーモアがあって背が高くて、女にモテた父。

仕事以外は余韻とか余白とか、人生のそんなところに生きていた。馬に乗って、自由に駆け回るカウボーイになりたかったんだよ、と本気で言ってしまう父。稔子は、その後の人生で知るいろんな男を自分の父になぞらえることになった。

この人がパパだとしたら……。

小説や映画、音楽で知る男にしても、その男性に父のイメージを探した稔子。父のおかげで稔子は空想逞《たくま》しく、時代の男たちに接近することができた。

「東風《こち》吹かばにほひおこせよ梅の花　主なしとて春な忘れそ」

都から大宰府へ左遷された菅原道真の歌が大好きな父だった。「達筆で、ユーモアもあってロマンチスト」。娘にたびたび手紙も寄越す、趣味人の父だった。

父の愛車はボクシーなスカG。直列6気筒の日産スカイライン2000GT-Rである。

ダブルクラッチで重いステアリングがマニアに人気で、禎二はそんなじゃじゃ馬の助手席に娘を乗せ、真新しい首都高に鈴ヶ森インターから入り、フルスロットルでインからアウトコースを突いた。ホンダの大型バイクの後ろにも乗せ、稔子は心地よいエンジンの鼓動を味わいながら父の背中にしがみついた。

「運転する時はこうしてミラーで前と後ろを交互に確かめるんだよって、私に。そんな風に父に可愛がってもらったけれど、家庭というものは知らなかった。家に父はいなかったから」

理系の学校を出た小林禎二は、召集され通信兵になった。中国戦線で敵の来襲に遭うと、いち早く撤退を命ぜられた。

「だから、生きて帰ることができたんだよ」と父は言った。

旧日本軍は技術を持つ兵士を大切にした。技術兵は大切な装備だった。戦後の復興も

母と姉と。姉とはお揃いのスカートで。幼稚園の頃

そうして生き残った技術者が貢献した。

「無線士だったから、家に通信機を持ち込んで何やらツーツーツーってやっていた。機械をいじることが根っから好きだったんだと思います。国鉄でＡＴＳ（自動列車停止装置）の部品を作ったり」

禎二の作った会社は日本信号株式会社の下請けである。千代田区丸の内に本社を置く日本信号は信号機製造のトップメーカーで、工場が埼玉の与野にあり、彼もそこに会社を作った。高度成長、神武景気の時代だった。禎二は現地に土地も買い、家も建てた。

「先日、その土地の航空写真を不動産屋さんが私に見せてくれたんです。工場は全部マンションになって、まったく違う場所になっていた」

１９６４年――。

都内の建築物はどこも解体中だった。鉄筋がむき出しの建物にはセメントが日々流し込まれ、朝になると作業員が列をなして足場を登り、日が沈むと列をなして下っていった。それはまるで蟻のようだった。しかし、彼らの眠る蟻塚はどこにあるんだろう。

アジアで初めてのオリンピックの開催に日本中が沸き立ち、所得倍増を約束した池田勇人首相のもと、官民一体となって復興に邁進していた。

経済の激流が狭い谷間に流れ込み、轟音を鳴り響かせている杭打ち工事の音と、かき鳴らされるクルマのクラクションは、再構築を祝福するファンファーレのように聞こえた。

有楽町から東京駅へ抜けるガード下はちょっとした冒険だ。見上げれば灰色にペイントされた鋼鉄の梁《はり》が力強くスクラムを組み、通過する貨物車両の重さを懸命に支えていた。夕方になれば闇が生まれ、赤提灯を怪しげに灯した店が並んでいた。

アコーディオンとハーモニカは傷痍《しょうい》軍人だった。路上に跪《ひざまず》き、笊《ざる》を前に物を乞う彼らに母は百円札を2、3枚置く。軍服に包帯は洗いたてらしく、清潔な置物にも見えた。物言わぬ静かなオブジェ。彼らも間もなく姿を消す。東京五輪前に立ち退きを余儀なくされる。東京はそれまでの過去を思い出させないように、いたるところに包帯を巻いていた。

真新しい匂いが、街の傷を覆い隠している。

稔子が生まれるほんの8年前、悪魔のように容赦ない空襲に、多くの人々が、「人殺し！」と怨嗟《えんさ》の叫びを上げて死んでいったこの街も、焼き尽くせばこうして新しくなる。10万ともいわれる市民を殺したB29の後継、B52は今、遠くベトナムを空襲している。

1951年、サンフランシスコ講和条約が調印されて占領が解かれた日本は主権を回復。朝鮮戦争の特需が生んだ神武景気で「もはや戦後ではない」と、首都は新時代に興奮していた。

オリンピックで来日する観光客は3万人と見込まれ、徳川譜代の屋敷があった千代田区紀尾井町には客室数が千を超える東洋一の巨大ホテル、ニューオータニが建てられた。

「母さん、僕のあの帽子どうしたでしょうね」という西條八十の詩が用いられた、森村誠一原作、松田優作主演の角川映画「人間の証明」(77年)で、ニューヨーク・ハーレム育ちの黒人青年が「ストウハ《麦わら帽子》(ストローハット)」と形容した最上階、世界最大級の回転レストランは、1周70分で東京を360度眺めることのできるラウンジで、戦艦大和の砲台を回転させるベアリング技術を応用していた。

日本武道館、国立屋内総合競技場が次々に竣工し、アメリカ選手団はパンナム、イギリス選手団は英国海外航空《BOAC》、ソ連はアエロフロートで次々に羽田入りした。

世界最速、時速210キロの超特急ひかり号の車窓から観る富嶽《フジヤマ》の絶景に歓声を上げながら観光客はニコンFのシャッターを切った。

ソニーのトランジスタラジオからは「幸せなら手をたたこう」が流れ、VANのファッションに身を固めた若者たちは、タイトなロングスカートの女たちを連れて銀座の街を闊歩した。

「父も母も姉も、本が大好きで。母などは本屋さんになりたかったと言っていて、本棚は父が作りました。手作りの本棚。家には本だけは溢《あふ》れていた」

本棚には世界名作全集や、家族の愛読書が並んだ。山岡荘八『徳川家康』、吉川英治『新書太閤記』……。母はその本棚に家族の写真を収めたアルバムを差し挟んだ。本からは無数の文字があふれ出ている。それが人の声になり、紙は沈黙しているのにいろんな声を感じるのが不思議だった。父も母も姉の郁子も稔子も、数えきれないほど読み返し、綴じ糸が弛緩して、ページの端には指の跡が残り、それが家族の記録になった。


そんな小林家に、ちょっとした、いや、見方によっては大層な事件が勃発したのは稔子が小学校高学年になった頃だった。

6歳離れた姉の郁子は赤坂の山脇学園に通い、成績も常にトップクラスという、小林家自慢の長女だった。ピアノも上手く、稔子のためにショパンやベートーベンを弾いてくれた。

クラシックを聴くのも読書にしても、姉の郁子をどこまでも真似する稔子だった。

第1回チャイコフスキー国際コンクールで優勝したピアニスト、ヴァン・クライバーンを姉は気に入り、毎日のように彼のレコードを聴いていた。ソファに座り、ステレオの前でチャイコフスキーのピアノ協奏曲第1番にうっとりする姉の前で、稔子は姉の歓心を買おうと指揮者の真似をした。

ある日、彼女たちが帰宅するとカワイのグランドピアノが居間に置かれていた。父のプレゼントだった。漆黒の、真新しい塗装の匂いにどきどきしながら蓋を開けて姉が鍵盤を叩くと、家中に澄んだ音色が響き渡った。あの頃は世の中全体の景気が良かった。父の小さな会社にも、その余波は及んでいた。

高校生の姉にはボーイフレンドがいた。ピアノの教師だった。親には内緒。

父がピアノを買ってきたすぐ後のことだった。

「お父さん、話がある」と姉が結婚を宣言した。

成績も優秀だったのに彼女は大学受験も拒否した。

18歳の姉に比べて、相手は25歳年上。母より年上で、父と2歳しか違わない。半世紀以上前、昭和の時代である。郁子はお嬢様学校と言われる山脇に通っていた。父は「訴える」と暴れに暴れた。何しろ大男ゆえ、その怒号に近所が通報し、警官まで来る騒ぎになった。

「結局は丸く収まって、後に結婚式も挙げて、姉夫婦は揃ってピアノの先生になりました。姉もファザコンだったんじゃないかな。姉は父に似ていましたよ。スピード狂でね。交差点で信号が青になるとブワーッと一番先に出るタイプ」

姉は物事を先延ばししなかった。何をするにも優等生。計画をしっかり立て、「先取り」をした。夏休みの宿題にしても、いつもはじめのうちにすませた。ぬかりなく先取

姉と。小学校高学年の頃

りをするのだが、結婚にしてもそうだったのかもしれない。

姉が家を出ていって、ピアノがぽつんと残った。真新しいピアノは姉に弾かれずに置き去りになり、父は何かの糸が切れたようにますます大森の家に戻ることはなくなった。

稔子は小学6年生になっていた。

「中学はあなたの好きなところに行けばいいわ」と母が言った。

手塩にかけた姉がいなくなって、私のことはあまり考えなくなったのだろうと稔子は思った。

稔子は大森の商店街の書店で学校案内を買った。探したのは土曜が休みの学校。映画を観るためだ。都内で土曜が休みなのは、稔子が知る限り3校あった。聖ドミニコ学園と慶應女子、そして普連土《ふれんど》学園。聖ドミニコは世田谷・岡本で自宅から遠い。慶應女子は学力的に到底無理。残る普連土学園は港区・三田にあった。

稔子は普連土に的を絞り、塾に通い、受験勉強を始めた。

姉の真似をすることもなくなった。

何事も自分で決める。

家族はますますばらばらになってしまった。

小学生の稔子が時代の実相を理解していた訳ではない。ただ、高度成長の高揚感とアスファルトの新鮮な匂いに囲まれながら、中学、高校へ進むにつれ、野間宏や大岡昇平に代表される戦後文学（これらは知識人が教養的たしなみとして愛読した過去の戦争についての深い思索物ではあったが）、ロックやポップアートに象徴されるアメリカ文化、あるいはフランソワーズ・サガンといったヨーロッパの知的文化に傾倒する下地となった。

時代の象徴は芝の東京タワー。パリ・エッフェル塔にも似た高さ３３３メートルの電波塔建設にあたっては、朝鮮戦争で使われたアメリカ軍戦車の鉄も使われた。

戦争という負の遺産から未来の塔へ。松任谷由実のデビューにかかわり、日本初のイタリアンレストラン・キャンティの御曹司・川添象郎《かわぞえしょうろう》とともにＹＭＯをプロデュースすることになる音楽プロデューサー村井邦彦は、九段にあるフランス系ミッションスクール、暁星中学に通っていた。

「東京タワーができたのは58年か。いやぁ、本当に東京は変わっていくんだなと思いました」と回想する。

「自分が大人になっていくのと東京が変わっていくということがシンクロしてね。首都高は……、最初どの辺までだったかな……。京橋から芝浦あたり。友だちと用もないのに走りに行った。これがきっとアメリカでいうフリーウェイみたいなものなんだろうなって」

慶應義塾大学に進んだ村井は三田のキャンパスからも東京タワーを見上げ続ける。

首都高速道路の建設は戦後の高度成長をひた走る池田内閣の肝いりだった。東京オリンピックを旗印に首都高速、新幹線、上下水道と、新しいインフラ建設を計画し次々に実行した。

黒澤明とも親交を持った旧ソ連の映画監督アンドレイ・タルコフスキーは「惑星ソラリス」で未来都市の風景として首都高を撮影、カンヌ映画祭で審査員特別賞を受けた。首都高の高架と果てしなく連続するトンネルに、彼は「疑いもなく、日本は最先端だ」と興奮した。

Chapter 4 初めてのボーイフレンド

稔子は港区三田の普連土学園中学に入学した。

あらかじめ決めたように、休みの土曜は映画三昧。シェイクスピア原作、オリヴィア・ハッセー主演「ロミオとジュリエット」を観て泣いた。

「おまわりさんに何度補導されたかわからない。学校も行かないで、何ほっつき歩いてんだって（笑）」

普連土学園はキリスト教フレンド派（クエーカー）に属する婦人伝道会が設立した女子中学・高校である。平成の天皇（現・上皇）が皇太子だった頃の家庭教師、エリザベス・ヴァイニングもクエーカー教徒。児童文学者でもあった彼女は東宮仮御所で日常的に皇太子に接し、皇太子にとって「戦後民主主義の窓」になった。

大森駅から京浜東北線で10分。稔子は田町駅三田口改札を出て、東京タワーを右に眺めながら聖坂、潮見坂をのぼった。

蔦の絡まる赤レンガに囲まれた普連土の校舎は、日本の伝統様式とモダニズムを併存させた大江宏の設計である。厳格とモダン。三田の奥座敷の風情もある。空中回廊と大小複数の棟が相互に絡み合い、赤い屋根の下の円柱と光の当たる庭は思春期の神秘も表している。

しかし、稔子にとっては、その建物も窮屈な箱でしかなかった。

当時の制服は、紺のジャンパースカートにベレー帽。ブラウスは丸襟、鞄も紺に決められていた。それはないなと感じた稔子は丸襟のブラウスを角襟にしたり、鞄を茶色に変えたりと、ちょっとしたアレンジを繰り返した。だが、背の高い彼女は目立ってしまい、入学早々生活指導の教師に目をつけられた。

「『職員会議であなたの名前が出ない日はありません！』と叱られて、初めて自分は問題児なのだと気づきました。先生の名前？　覚えていますよ。池田先生（笑）」

「毎朝8時には礼拝がありました。クエーカーに偶像礼拝はなく、十字も切らない。アーメンも唱えない。私は信者ではなかったけれど、神は一人ひとりの心の中にいるという言葉は、今でも自分の心の支えになっています」

自分の心にある神……。一体、それは何だろう。

土曜日には奉仕の時間があり、聖書の点訳をしたり老人ホームにボランティアに行ったりした。だから今でも自然に困っている人の手伝いができる。それは普連土での教育のおかげだと感謝している。

稔子は、女教師の厳しい目が届かない遊び場を見つける。

大森からほど近い横浜、本牧のベース（アメリカ海軍横須賀基地横浜分遣隊）の住宅地である。退屈の象徴だったジャンパースカートとベレー帽を脱ぎ捨てて、放課後は横浜に通う日々が始まった。

稔子に初めてのボーイフレンドができた。

ドイツ人の父と日本人の母をもつダブルで、地元の駅が一緒だったことからじきに話すようになった。彼の名前はアマデウス《Amadeus》、ニックネームはマオ。プロコル・ハルムの「青い影」が大ヒットしていた頃だった。

アマデウスは大森・山王の屋敷街にある東京独逸学園《Deutsche Schule Tokyo》に通っていた。同学年の彼とは中1で知り合い、卒業までの淡い恋だった。ロックミュージシャンを夢見てギターを弾いていたマオのおかげで、稔子はロックに目覚めた。

マオの家は音楽一家だった。父は戦前に日本に亡命してきた指揮者で、母はオペラ歌手。

「マオの家は山王にあった。家に行くとベヒシュタインのセミコンのグランドピアノがあって、そこに彼のパパがいつもいた。何十年も日本にいるのに、日本語は一言も話せなかった。ドイツ人という感じで、すごく大きな人だった。『こんにちは』って言うと

『はい』と答えるだけ。なんとも言えない、ヨーロッパ的な暗い感じで、子ども心に触れちゃいけないんだといったことを感じました。私はマオにドイツ語を教えてもらったけど、ドイツ語は今でも好き。響きが好き」

田園調布と並ぶ高級住宅地である山王にはドイツ人が多かった。大正12年の関東大震災で横浜から横浜独逸学園が移転してきたことによる。ジャーマン通りという通りは今もある。

「同じ大森だけど、私は海のそばで、マオは山の上。独逸学園のパーティに行くとそこでまた知り合いができる。ローマイヤっていうハム屋さんとか、ケテルというドイツ料理屋さんの家の子もいた。リンダは横浜のベースの子だった。みんな4カ国語ペラペラだった。日本語、英語、ドイツ語……。学校がドイツ語で、家では日本語。英語も当然パブリック。あとはだいたいフランス語。いろんなカルチャーを知りました。清泉インターナショナル（スクール）は品川にあった。そういう子とも仲良くなって。米軍キャンプに住んでいる子もいた」

マオは横浜・山手駅裏の丘にあるYC&AC（Yokohama Country & Athletic Club）で開かれたパーティにも連れていってくれた。

テニスコート、グラウンド、プール、ジム等があるクラブである。本牧基地のYokohama American High School（YO—HI《ヨーハイ》）、セント・ジ

普連土学園の制服で、母と。中１の時の学園祭

ヨセフ・カレッジ、当時は女子校だったサンモール・インターナショナル・スクール、フェリスに横浜雙葉と、インターや私立の子が多かった。

　パーティでは女の子はミニドレスにカーディガン、男の子はジャケットが定番だったが、マオは白いTシャツにブラックジーンズを穿き、マルボロとジッポーをポケットに入れていた。そういう格好で不良に見せようというところがかえってお坊ちゃんぽかった。

　稔子といえば、タートルネックのセーターも、タイツもスカートも黒ずくめ。「俺たち、イギリスのロッカーズみたいだね」とマオが言った。

　パーティ券代を払うと手の甲にスタンプを押される。

　サンドイッチやカナッペ、ポテトサラダにエビフライ。オレンジジュースにフルーツパンチ。ハウスバンドがローリング・ストーンズやキンクスを立て続けに演奏し、アニマルズの「朝日のあたる家」でチークタイムになる。立ち会う先生は「シャペロン」と呼ばれ、頬にそばかすを乗せたサンモールの若いシスターだったりした。

　ジェームズ《James》・マーシャル《Marshall》・ヘンドリックス《Hendrix》、ロック史上最高のギタリスト・ジミヘンの「パープル・ヘイズ」もマオが貸してくれた。LPに針を落とすとディストーションのかかったサウンドとサイケデリックなその歌詞にくらくらした。

紫の煙が自分の頭に満ちている／ちょっと待ってて、僕が空にキスするまで／紫の煙が目の中に入ってきた／夜なのか昼なのか／助けてくれ／助けてくれ

（ジミ・ヘンドリックス「パープル・ヘイズ」延江訳）

ダンスフロアーではマイクロミニ姿の金髪のドイツ娘が踊っていた。ボウリング場に映画館、リノリウムの床に、プラスチックのテーブルと椅子。米軍キャンプに行くと色とりどりの人種がいて、カフェテリアのゼリーは七色だった。

「いったい、このゼリーはなに⁉って。こっちはあんみつしか知らないのに（笑）。PX（米軍基地内の売店）でタバコを買った。洋モクをタックスフリーでね。吸わない分はマージンを乗せて大人たちに売って小遣いの足しにしたり。あとはリーバイスにコンバース。もちろん輸入盤も。ジミヘンが米軍機でキャンプに降り立って慰問ライブを開いたとか、そんな話で盛り上がった」

稔子はジャニス・ジョプリンのレコードを毎日聴いた。

ジャニスとビッグ・ブラザー&ザ・ホールディング・カンパニーは「チープ・スリル」を68年8月にリリース、またたく間に100万枚を突破、ビルボードチャートで8週間1位を占める大ヒットとなった。

このアルバムでジャニスは「サマータイム」を歌った。切々と、すぐそこにいて、ま

るで涙を流しているかのように。ジョージ・ガーシュウィンの作ったこの子守唄は36年にビリー・ホリデイが歌っているが、ジャニスの歌声で世紀の名曲になった。

夏になると　暮らしは少しは楽になる
魚は跳びはね　綿だって実る
お金持ちのお父さん　綺麗なお母さん
だから坊や、もう泣かないで

（ジャニス・ジョプリン「サマータイム」延江訳）

ジャニス・ジョプリンを聴き続けた夏のそんなマオとの日々は、「（アルベール・）カミュや太宰（治）を読んでいる自分が好きというか、なんだかわからないまま難しい本を読んでいる自分にうっとりというか、そんな感じでした」

10代特有の過剰な自意識だったのかもしれない。知識や学問と呼ばれるものに対してどこまでも貪欲だった。

毒や闇、少女の絶望と詩のように美しい虚無。そういったニュアンスにただただ引きこまれた。

父が買ってくれたグランドピアノの前で。中3の頃

ものうさと甘さとがつきまとって離れないこの見知らぬ感情に、悲しみという重々しい、りっぱな名をつけようか、私は迷う。その感情はあまりにも自分のことだけにかまけ、利己主義な感情であり、私はそれをほとんど恥じている。ところが、悲しみはいつも高尚なもののように思われていたのだから。

（フランソワーズ・サガン『悲しみよこんにちは』朝吹登水子訳、新潮文庫）

朝吹登水子訳のフランソワーズ・サガン『悲しみよこんにちは』の文庫本は鞄に入れて持ち歩いた。

遠くにあって手に届かない。満たされないから切ないと、憧れと切なさが同居することの小説で、「アンニュイ」という言葉を知った。

そんな自分に酔っていたのかもしれない。

クロード・ルルーシュの映画「男と女」で、アヌーク・エーメが茶色のムートンを着こなしていた。音楽はフランシス・レイ。ともに死別した伴侶への思いが消えず、心が震える恋人たちの物語。稔子はアヌークが持っていたバッグが忘れられなくなった。レストランのテーブルに置かれたあのキルティングのシャネルバッグを、いつか持ってみたいと思った。

痩せた稔子だったが、1日5食をペロリと平らげる大食漢だった。ご飯2膳の朝食に、昼のお弁当は2つ。10時までに1つを片付け、昼にもう1つ。それでも足りず、パンと牛乳も学食で。通学鞄の半分は弁当で、それでも腹が空き、帰りにうどん屋へ行った。ついたあだ名は「ドカベン」。

母は英語の家庭教師を稔子につけた。外資系企業・デュポンの社長秘書だった小柄な女性で、スーツを着こなした彼女はイタリアのオリヴェッティのタイプライターを持ってきてタイプも教えてくれた。発音のコツもレクチャーしてくれ、〝R〟と〝L〟、〝Th〟など、徹底的に直された。彼女に憧れて、高校で留学して、タイプも速記もできる外資系の社長秘書になると決めていた。

15歳、中3の冬だった。授業は毎日7コマあったから、帰りはいつも夕暮れになった。大森駅を降りると潮の匂いがした。

商店街の坂道を下ると哀切なメロディが聴こえてきた。モリヤレコードの店内から流れていたのがピンキーとキラーズの「恋の季節」。

忘れられないの　あの人が好きよ／青いシャツ着てさ　海を見てたわ
私ははだしで　小さな貝の舟／浮かべて泣いたの　わけもないのに
（ピンキーとキラーズ「恋の季節」）

このメロディは毎日のように聴こえた。冬の夕暮れの時報のようにすっと心に入ってきた。夕暮れのもの悲しさと、貝の舟を浮かべて泣く女の風景が、子どもなのにツンときた。

普連土、独逸学園、米軍キャンプ、そして小説と映画。多感な中学時代を過ごした稔子のメルクマールとしてもう一つ、「日劇ウエスタンカーニバル」がある。ザ・タイガースにザ・テンプターズ、ザ・ゴールデン・カップス、ザ・フラワーズ。オックスの失神騒ぎもあった。パンフレットを握り締め、恍惚の中、お目当てのグループサウンズ（GS）に絶叫していた少女たちの中に、稔子もいた。

稔子にとってウエスタンカーニバルはインクの匂いだった。

大森駅から始発の京浜東北線に乗って、早朝5時になるかならないかで有楽町駅に着く。ステージ上手《かみて》と下手《しもて》それぞれのボックス席が当日売りだった。それを目当てにチケット売り場に行くと、近くに社屋を構えていた新聞社の朝刊のインクの匂いがプーンとした。

お目当てはザ・タイガース。最初から最後までギャーッと叫び続けて終わる。観終わると出待ちをする。

「楽屋口で待っていると、日劇のおじさんにホースで水を撒《ま》かれたりして、なんなの！

わけわかんないってみんなで怒って」

じきにスタッフと顔見知りになり、楽屋に入れてはもらえるようになった。楽屋は狭くて、こんなところでスタンバイしているんだと驚いた。

有楽町あたりの繁華街には、警察以外にも各学校の教師が持ち回りで目を光らせていた。父母による「善意の目」もあった。

「グループサウンズに行くと必ず捕まるんですよ。補導されちゃう。なぜか必ずいたんですよ」


「いくつ？」

「中2です」

「今日は学校の日でしょ」

「うちの学校は土日が休みなんです」

「嘘言うんじゃないよ」

稔子はどこでも目立った。補導が続き、いわゆる「札付き」になった。

「カミソリ持ってカツアゲしたりとか、そんなことではないですよ。軟派で、ボーイフレンドを作ったり、タバコを吸ったりディスコに入り浸ったり。そんなところです」

「小林ですけれど……いつも娘がお世話になっています」

稔子は母親の口振りを真似て学校に電話を入れることを思いついた。

「ちょっと具合が悪くて、学校を休ませていただきます」

そんな調子で学校へ行かず、1週間、特に何をするでもない。山手線に乗ったままサガンをペラペラめくったり、弁当をこっそり食べたり。気が向けば新宿で降り、伊勢丹をぶらぶらしたり、デパートの屋上で物思いにふけったり。

ある日、帰宅すると、居間の椅子に座った普連土の番人・池田先生が「お帰りなさい」とにっこりと笑っていた。「終わった……」と稔子は観念した。

正真正銘の札付きとなった稔子は、毎週土曜、大田区の青少年保護センターに通うことになった。センターの所員とは目を合わせなかった。

大森の実家に家庭はなかった。お手伝いさんだけで、稔子はひとりだった。帰宅すると他人が作った夕食がキッチンに置いてあった。蛍光灯の青白い光が、大きなテーブルにぽつんと置かれたチャーハンを冷たく照らしていた。

母も外出ばかり。夫の不在が寂しかったのか、「美容組合の幹事で大変なの、会合なのよ」。そう言って、着物姿でいそいそと出かけていった。姉は結婚して家を出ていたから稔子は一人。親は愛情をお金で済ませようとした。映画や日劇に行くにしても本を買うにしても、稔子にお札を渡す親だった。毎日のお弁当だってそう。赤色の耳を立てるウサギの林檎や、切り込みで8本の脚が施されたタコのウィンナー。クラスメートの弁当は何かしらの愛情で細工があった。稔子のお弁当は、いつの間にか他人が作るようになっていた。「いただきます」って、誰に言えばいいの？

「お金なんかいらないから、いつも学校から帰ってきたら『お帰り』ってママがいて。それでよその家の子のように、おやつに鼻紙で包んだかりんとうを貰いたいって、切実に訴えたことがあります。父にもね、おうちに帰ってきてって泣いたこともある。まるで通じなかったけど」

世間では恵まれていると思われる家にいても、稔子には寄辺《よるべ》がなかった。かつては父の後ろをついて回った稔子だったのに。

稔子はこの頃初めて父に殴られている。思いっきり、友だちの前で。

埼玉の与野にあった父の別宅に、米軍キャンプで知り合ったボーイフレンド数人と泊まったのだ。

「パパは今夜帰らないから大丈夫だよって、みんなで雑魚寝して朝になった。そのままったりしていたら、箱スカのエンジン音がぶぉーんとして、パパが玄関から入ってきたんです」

稔子はいきなり両頬を引っ叩かれた。

父の前でもただ睨むだけの稔子だった。反目は父への想いと表裏一体だった。

「中学1年まで一緒にお風呂に入っていたんです。その頃は生理だって始まっていた。でも一緒にお風呂に入ることに何の抵抗もなかった」

しかし、父の禎二にしてみれば、女性との棲み処《か》に年頃になった自分の娘がボーイフレンドと足を踏み入れるのは許せないものだったのかもしれない。

「父のあまりの剣幕に男の子たちもビビっちゃって。殴られても私はずっと父を睨んでいました。お酒だって飲んでいない。だって中学生だもの。遊んでいて、終電もなくなったし、泊まるところがないからもう一つの家に泊まるみたいな感じだった。そんなことくらいでなぜこんなに怒るんだろうと思っていた」

「どこの家にも必ず不幸はあった。その内容や性格には違いがあるにしても、決して平和ということはあり得なかった」とは松本清張の言である（「熱い空気」『事故　別冊黒い画集(1)』所収、文春文庫）。

父の別宅を出て稔子は京浜東北線に乗った。

殴られた頬に手を当て郊外の風景を眺めながら、「親のせいにして悪《ワル》ぶって、自分の人生をめちゃくちゃにしてしまうなんて冗談じゃない。もうやめよう」と思った。

「あのままだったら普連土を退学になっていたと思います。実際、一緒につるんでいた仲間は学校を出て行きました。残ったのは自分だけ」

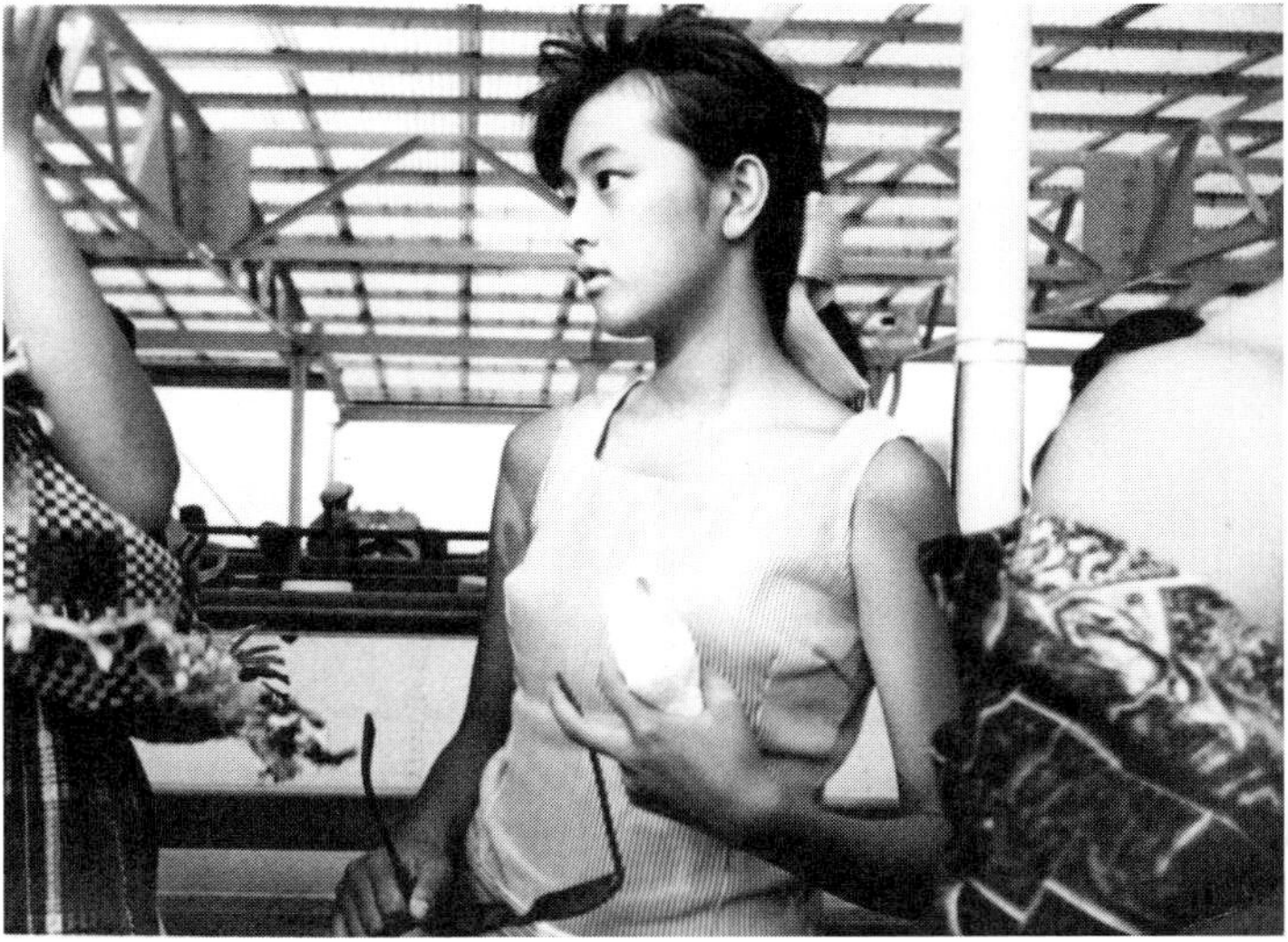

友人と海に行った際の一枚。中3の頃

もしかしたら両親が稔子の知らないところで学校側と話し合っていたのかもしれない。

しかし、その話はご法度《はっと》のまま彼らはこの世を去った。

「勉強はまああできたんです。英語は学年でも上の方で、新しく数学の家庭教師も親が付けてくれた。大きな変わり目になりました。『少女A』は卒業したのです」

Chapter 5
スカウト

稔子が初めてスカウトされたのは15歳、普連土学園中学3年の時だった。

日比谷みゆき座にロマン・ポランスキーの「ローズマリーの赤ちゃん」を観に行ったら、「いきなり声をかけられて、何しろ（ロリータ趣味の）ポランスキーを観たばかりだったから、スカウトの人を変なおじさんだと思った」と笑う。

「その人は赤坂プロダクションという大きな事務所の人で、とにかく家に電話してくれないかって。それで公衆電話から電話して母に代わって、しばらくは何度か家に電話をいただいたと思うんですね。高校に入ってからは家に来たり。記憶が曖昧なんですけど、その時は芸能界にはあまり興味がなかった。病気になって普連土をやめて、文化学院に入って、何かやってみようかなということだったと思う」

赤プロと呼ばれた赤坂プロダクションは、津川雅彦、中村玉緒、前田吟、音無美紀子といった有名どころを抱える名門だったが、そもそも普連土では芸能活動はご法度だった。

高校に進むと、まず神経性胃潰瘍、次に骨髄炎、急性肝炎で3回の入院。16歳は病院で過ごすことになった。それは父のいない寂しさからくるストレスだった。病気になることで父の関心を得るということもあったのかもしれない。

「入院して3カ月目に初めて父が見舞いに来て、北品川総合病院のドクターが、あなたにはお父さんがいらしたんですねと驚いていた」と麻美は振り返る。

父は大森の家に帰ってこなかった。このドクターはその後折に触れて彼女の支えとなる。父の臨終の時、そしてこれは随分年月が経た後だが、出産のアドバイザーとして。

「昔の病院は今みたいに綺麗じゃなかった。地下の霊安室から線香の匂いが上ってくるんです。そうすると誰かが死んだなってわかる。サイレンとともに救急車で運ばれてきた人が朝そのまま死んでしまったりとか、生と死を何度も見た。病院で過ごすということはそういうことです。16歳の時は私にとってある意味、深く濃密な時間だった」

稔子は1年間入院を余儀なくされた。

学校に復帰してもクラスメートより1学年下になってしまう。大学の附属校ではない普連土では大学受験をするのが普通で、中3で高1のカリキュラムが組まれていたから学力にはまあまあ自信があった。そこで自ら探してきた学校に願書を出す。それがパリ風に言えば神田カルチェラタン、お茶の水にあった文化学院。普連土とは180度価値観の違う学校だった。

「英語科と美術科があって、やっぱり土日が休み（笑）。面白い学校で、暁星や聖心、成城、学習院、青山学院と、私学で何かやらかしてしまった子どもたちが集まっていた。個性的というか、全員びっくりするような恰好で登校してくる。ヒッピーの集まりみたいな学校でした」

文化学院は、与謝野晶子・鉄幹夫妻らが大正10年に創設、「国の学校令によらない自由で独創的な学校」だった。菊池寛、川端康成、有島武郎、芥川龍之介、北原白秋らが教壇に立ち、共学は日本初。服装も自由、教室の席順もない。「自由」「知性」「芸術」を旗印に、脚本家の水木洋子ら多くのクリエイターが輩出している。その他にも卒業生には、稲葉賀恵、安井かずみらがいる。

「学生運動の時代でした。すぐそばに明治大学や中央大学があって、バリケードも。でも、がらーんとしていて学生なんてほとんどいなかった」

神田カルチェラタンにも闘争があったものの（カルチェラタン闘争）、本郷の東大安田講堂にてこずっていた機動隊に放っておかれたこともあり、ある意味解放区的な空間になっていた。

だからこそその周辺の若者は時代と距離をおいて自分を俯瞰することができた。

マロニエの並木道からドーム型の校門を入ると、緑豊かなパティオが広がる。

紫のエナメルのマイクロミニに白いブーツ、茶髪に眉を剃ってつけ睫毛という、普連土での装いとは対極の出で立ちになった文化学院英語科の稔子は、フランソワーズ・アルディやジョアンナ・シムカスに憧れた。

赤坂・ムゲンは稔子が文化学院に入学する頃、68年にオープンしたディスコティックで、川端康成、丹下健三、小澤征爾、三宅一生、横尾忠則ら当時の若い表現者が夜な夜な集う場所になった。〝アイヴ・ビーン・ラヴィング・ユー・トゥ・ロング……〟とティナ・ターナーがオーティス・レディングの「愛しすぎて」をシュア《SHURE》のガイコツマイクに唇を近づけて舐めるようにして歌い、ザ・タイガースやザ・スパイダースの面々も姿を現した。

「青山3丁目のプレイメイトスナックは、井上順さんの奥さんになった青木エミさん、サンローランやジバンシィのモデルの沙羅マリエさん、ショーケンこと萩原健一と結婚した小泉一十三《ひとみ》さんと、おしゃれな若者のたまり場でした。煙草を吹かしながら人生、恋愛についてとりとめもなく話し続けるモデルたちを眺めながら、高校生の私はジュークボックスに小銭を入れて『アンチェインド・メロディ』を聴いたり。そうそう、24(青山通り)のユアーズは24時間営業だった」

スーパーマーケット「ユアーズ」は南青山3丁目交差点から表参道に向かって右側にあった。店の前には何台もの車が停まっていた。フルーツドロップを思わせる、ペパーミント色の車はヨーロピアンスタイルのいすゞ117クーペだった。斜め駐車は路上駐

17歳、デビュー直前の頃

車の定番だった。

ハリウッドのチャイニーズシアターを真似てスターの手形が刻印された壁の石板を眺めながら入ると、アメリカ直輸入の高級缶詰がずらりと並び、〝JAPANESE　FOOD〟のボードの下には「海苔・茶」。奥のL字型カウンターでビールを飲んでいると誰かが来て、そこからまた遊びに行く。スーパーマーケットそのものが夜の社交場だった。当時は朝までやっている店などなかった。

表参道を右折すると同潤会アパート。歩道橋を渡ればキデイランド、セントラルアパートの1階には喫茶店「レオン」があった。サディスティック・ミカ・バンドの加藤和彦とミカの夫婦はロンドンっぽくてどこまでもおしゃれだった。神宮前交差点を過ぎるとGRASS。このブティックにはグラム・ロックが流れていて、ピーターやジョー山中が服を物色していた。のちの樹木希林、悠木千帆と結婚したとき内田裕也はこの店の洋服を着た。

外苑前交差点にはコシノジュンコの店「コレット」があった。67年、寺山修司「天井桟敷」の「毛皮のマリー」（丸山明宏主演、横尾忠則美術、寺山修司演出、アートシアター新宿文化）で衣装を担当、一躍脚光を浴びたコシノの店のシンボルマークは「唇」。絨毯から天井までサーモンピンク、家具は黒という内装だった。ある日、渡辺プロダクションの渡辺美佐がやってきた。ザ・タイガースの衣装を頼みたいと言う。コシノは、長髪の若者たちに厚底ヒールの靴を履かせ、ピンクのブラウスやパールで華やかに飾り付けた。GSの中性的で妖しい世界観は、コシノのセンスでもあった。

ザ・タイガースの沢田研二はキャンティの川添梶子のベビードールとコシノのコレットの2つの店に通い、衣装を作り、妖艶で中性的な時代のアイコンとなった。

稔子は沢田目当てに渡辺プロ友の会のファンクラブに入った。今でも覚えている。会員番号は120番。

沢田もコシノも野望を抱く上京組だったが、東京育ちの稔子といえば、都市の虚無を流離《さすら》い、時代の微笑を味わうのみ。クリエイターではなく、時代に巻き込まれてゆく、光り輝くものに吸い寄せられるだけだった。それがその当時の稔子の限界であり、また色褪せない魅力でもあった。

「母は朝帰りを許してくれませんでした。だから、ベッドに人の形の膨らみを作って、いかにも私が寝ているみたいに工作して、そーっと出ていくんです。自宅から原宿までタクシーで500円くらいだったかな。で、遊び終わって朝5時頃に帰る」

早朝の青山は外苑の緑に囲まれて、まだ寝静まる田園のようだ。「このひとときを私は一生忘れない」と稔子は言う。毎日がちょっとした家出と朝帰りの繰り返し。

24歳のポール・マッカートニーが、バイオリン、ビオラ、チェロの弦楽奏をバックに家出少女を歌う曲が「シーズ・リーヴィング・ホーム」である（67年のアルバム「サージェント・ペパーズ・ロンリー・ハーツ・クラブ・バンド」収録)。

「水曜午前5時の夜明け」「彼女は1階のキッチンに降りて、出ていく、孤独だった家を」とポールが眠たげに歌い、ジョンが低い声でゆっくり「バイバイ」と手を振っている。

甘美で逸《はや》る気持ちを抑えながら、まるで自分の腹の中に可愛い小熊が宿っているような稔子の高校時代だった。

「起きなさい、ぐずぐずしないの。遅刻するわよ」

母の声に目が覚める。

枕に頭を埋《うず》めながら稔子は思う。寝たりない。

しぶしぶベッドから起きあがって、シャワーを浴び、髪の毛も乾かさずにキッチンに降りてゆく。トーストを後回しにしてペディキュアを塗り始めると母が顔をしかめる。

大丈夫、夜遊びは知られていない。

自由と個性を重んじ、黒と青の幸運なカラスの羽根を纏《まと》い、汚《けが》れが忌避され、大衆から選り分けられた育ちの良い野蛮人が集う文化学院に通いながら自分だけの世界を作っていった。

何に関してもティーンエイジャー特有の無関心を示す、そんな不良少女に芸能界の扉が開かれた。

アイドル時代のブロマイド。デビュー直後の頃

Chapter 6
禁断の恋

17歳になった稔子は正式に赤坂プロダクションと契約を交わし、雑誌「女学生の友」でモデルを始め、ライオン、次いで久光製薬、ジュジュ化粧品、日立製作所、服部時計店のコマーシャルに登場するようになった。

「次々に病気に罹《かか》って入院したり、それで学校が変わったりとか、そんな最中にCMの話が舞い込んだのです。家にいてもつまらない、だったらやってみようかなって。母にも相談したけれど、16歳からは自分のことは自分で責任を持って決めなさいって」

今のようにスタイリストはいなかった。衣装は自分で選び、化粧もする。雑誌モデルやCM出演で時代の先端に突き出された稔子の頭の中では次々に言葉が生まれ、溢《あふ》れる思いを書かずにはいられなかった。

封筒、チラシの裏、バーのコースター、レストランのナプキン、時に新宿伊勢丹の青いチェックの包み紙の裏という具合に、走り書きはあらゆる紙に。

長身で痩せていて、男の子のような身体だった。しかし、それが個性になった。

「18歳で歌手デビューが決まった時、マネージャーに『芸名はどうするの？』と言われて。文化学院の美術科に後藤朝美さんという先輩がいらした。学生なのにサンローランの真っ白なパンタロンドレスで登校してきて。腰あたりまでの長い黒髪のその人に憧れて、朝美を『麻美』に変えて勝手にいただいたんです」

「イヴ・サンローラン　リヴ・ゴーシュ」は青山通りにあった。

いつも店にはオシバがいた。オシバこと柴田良三は、父を早く亡くしたこともあって成城の学生時代からキャンティの川添梶子《タンタン》に可愛がられた。来日の折、キャンティにやってきたサンローラン本人を梶子に紹介され、その口利きで日本法人に関わるようになった。

世界的デザイナーを前に臆する柴田《オシバ》だったが、「しっかりしなさい。オシバ、あなた日本のサムライでしょ！」とハッパをかけるタンタンだった。

柴田がいたサンローラン・ジャパンは、神宮外苑の銀杏の並木道が国道２４６号に突き当たる場所にあった。深夜零時まで営業し、デザイナーやモデルで賑わった。オシバはオープニングセレモニーにパリからセルジュ・ゲンズブールとジェーン・バーキンを呼んだが、彼らは毎晩キャンティでパーティ三昧、店のシャンパン《ヴーヴ・クリコとドンペリ》のすべてのボトルを飲み干し、それも一つの都市伝説になった。

稔子は後にそのリヴ・ゴーシュで初めてサンローランを買った。ベルト付きで、フロントのパッチポケットが付いたカーキのサファリジャケットだ。元来アフリカで狩猟を楽しむ貴族のリゾート着だった。サンローラン自らがモデルになって、モードを象徴するファッションアイテムとなっていた。

稔子と同様、毎日のようにその店のサンローランを眺めていたのが、マガジンハウス「ａｎａｎ」の編集者だった淀川美代子である。後年、彼女はナウ．ファッション．エージェンシーの岩崎アキ子と並んで小林麻美の復活劇のもう一人の立役者となる。

「サンローランが世に送り出す服のすべてが素敵だった。それを自分の目で確かめるために店に行くんです。当時サンローランを着ていたのはいしだあゆみさん、安井かずみさん、それと小林麻美さん、川邉《かわべ》サチコさん、加賀まりこさん。私はただ眺めるだけしかなかった。サンローランは背伸びしても買えないスペシャルなブランドでした。尖ってなくてカッコいいんです」

ファッションにも格差があり、金額に加えて憧れが伴った。「格差」は、「文化」と同意語だった。

文化学院に通いながら探検するがごとく赤坂や青山に出没、朝帰りを繰り返していた稔子は「小林麻美」として歌手デビューする。同期には西城秀樹や麻丘めぐみがいた。

「アイドルとして出演したのは『ぎんざＮＯＷ！』や『8時だョ！全員集合』、それと

『ロッテ歌のアルバム』あたりかな。再デビュー後に『象印スターものまね大合戦』で『ブルー・ライト・ヨコハマ』を歌って象印賞。魔法瓶と賞金30万円ね。そのお金でロサンジェルスのロデオドライブでボルドー色のケリーバッグを買いました。これが私のファーストエルメスでした」

同期の笑顔とは対照的に、麻美はいかにもけだるそうに、うつむき加減で歌った。背の高い分だけ猫背にも見えた。

「深窓の令嬢がブラウン管に突如登場したのだという印象を持ちました」

広告デザイン会社、ライトパブリシティ社長の杉山恒太郎は当時の小林麻美のイメージをこう語る。彼はサントリー「ランボオ」、小学館「ピッカピカの一年生」、「セブンイレブンいい気分」などで2018年、ACCのクリエイターズ殿堂入りしたクリエイティブ・ディレクターでもある。

「そこに出てはいけない人が出てきたっていうのかな、生活感がなく、透明感というか、テレビに出てはいけない人なのではとはらはらしたり。惹《ひ》かれながらもね（笑）。ファンタジーというか、その違和感がたまらなかった。サガンの小説に出てきても不思議じゃない少女だった。単なる金持ち、とかではない、上流階級の女の子。ずっと見ていたい、でもそこにいてはいけない（笑）というアンビバレントなイメージでした」

テレビ局のスタジオで周囲のアイドルを眺め、「私は何故ここにいるんだろう?」と麻美は思った。

ベトナム戦争の泥沼化に呼応するように勃興したジミヘンやドアーズなどのカウンターカルチャーが多感な少女に影響を与えないはずがなかった。

ロック・ミュージカル「ヘアー」のステージは緞帳《どんちょう》もなく、マリファナにLSD、フリーセックス、クリシュナ信仰という言葉が溢れ、アンディ・ウォーホルがプロデュースするルー・リードのヴェルヴェット・アンダーグラウンドは美しいメロディラインに性のタブーやドラッグなど、人間のダークサイドを鋭くえぐる歌詞をまぶしながらアートとロックを融合させ、時代を揺さぶっていた。

〝La《ラ》 Vie《ヴィ》(人生)〟

どうして私はここにいるのか?

人はなぜ生きるのか?

表現者は群舞《コール・ド・バレエ》に甘んじるべきではなく、文化《ステージ》の最先端にいなければいけないんじゃないの? 自信と不安を行き来する、傷つきやすく無防備な価値こそが表現に値するんじゃないの? 矛盾、希望、迷い、破壊、絶望を引き起こすラディカルな前衛こそが力であり、普遍の価値として浮かびあがってくるんじゃないの?

若者の新しい価値観が世の中をひっくり返した時代と、麻美の青春が見事に重なっていた。

世界同時的に噴き出した反乱の代表格は、何といっても１９６８年に巻き起こったパリの「五月革命」である。

セーヌ左岸、学生区のパリ大学では、大学の制度改革などを求める学生の集会を警官が排除したことで反体制運動が激化、無数の催涙弾を撃ち込む権力に投石で応戦する学生側に、市民、労働者、教師、編集者が付いて８００万人のゼネストに発展、フランス全土が1カ月マヒした。

ドゴールは退陣せよ！　ドゴールは退陣せよ！

第二、第三、数多くのベトナムをと言ったチェ・ゲバラと、「革命は激烈な事件だ」と演説した毛沢東の肖像を掲げたデモ隊は、資本主義の象徴だとシトロエン２ＣＶを焼き払う。サルトル、ボーヴォワールといった哲学者や小説家もそうしたデモに参加、映画界ではゴダールがトリュフォーと組んでカンヌ映画祭を中止に追い込んだ。影響はファッションの世界にも及ぶ。裕福な保守層を顧客に持つ「オートクチュール」（高級仕立服）はもはや時代遅れ《obsolete method》とされ、職業を持つ自立志向の新しい都市の自由人に向けて「プレタポルテ」（既製服）が脚光を浴びた。その代表格のサンローランはシースルールックを発表するなど、従来のモラルを打ち破る覇気を示した。

「敷石を剝がせば、その下は砂浜だ」

これはカルチェラタンに記された反乱学生の言葉である。

何もかもが混沌とし、それゆえ深く染み入るリリシズムと切実さ。麻美と同世代、あるいは少し上の世代がそんな気持ちを抱えながらも時代の激動を胸に刻み、格闘していた。


麻美と同学年の荒井由実は付き合い始めた慶大生、松任谷正隆と音楽事務所「風都市」を訪ねている。

はっぴいえんど解散後、作詞家として再出発していた松本隆がユーミンを見て微笑んだ。

「君が、噂の荒井由実さん？」

「『噂の？』って、正隆のガールフレンドっていう意味なのか、あの村井邦彦さんが売り出そうとしている『早熟の天才少女』ということなのか、わからなかったけど」

デスクには松本が書きかけた歌詞のメモがあった。少女っぽく大きな字だった。

「はっぴいえんどが所属していた風都市の窓から市ヶ谷の自衛隊駐屯地が見えた。ヘリコプターが何機も空を飛んでいて、すごくざわざわしていたのを覚えています。ちょうど三島由紀夫割腹事件の直前か直後のことで、今から振り返ればとても70年代的な風景でした」

これが最後の接吻なのに／あなたは何をためらうのかしら
これがお別れドライブなのに／二人で何をためらうのかしら
すてられたのは　くやしいけれど／せめて今だけこの胸を　あたためて
これが最後のドライブなのに／私のお家は　すぐそこなのに

（小林麻美「初恋のメロディー」）

麻美のデビュー曲「初恋のメロディー」の売行きはオリコン公式で10万枚ほど。当時としてはかなりのヒットではあるが、「売れるか売れないかなど、そんなことで一喜一憂するな。君は他のアイドルとは違うんだ」と「彼」は言った。

その頃、麻美はある年上の男性と出会っていた。麻美は18歳、「彼」には妻子がいた。ものを書く人だったから感性やものの見方が勉強になった。美術などそれまで全く興味のなかった麻美を、彼はニューヨークのグッゲンハイム美術館に連れていった。

麻美はそこで初めてピカソの絵を観る。「ムーラン・ド・ラ・ギャレット」は、ピカソがパリ滞在中の19歳で描いた作品だった。

パリ万博が開かれた1900年、ピカソはモンマルトルのダンスホールに入り浸っていた。着飾った娼婦がパトロンと夜ごと繰り出し、夜会で踊る。その後ろで蠟燭がゆらゆらと揺れる。好色なデカダンス。ざわめきと音楽が聞こえてきそうな鮮やかな色遣い。社交と孤独は同義語である。その絵に描かれる娼婦とパトロンも一期一会、つかの間の逢瀬を楽しんでいるだけなのかもしれない。

芸術・文化を豊かさの指標《バロメータ》とする欧米ではその象徴が美術館とされる。そこに足を運び、傑作に触れることが人生を美しくする。

英語、フランス語、イタリア語の辞書を持って、彼と画廊を巡り、麻美は躍動する鮮やかな色彩の造形を観た。朗らかに歌をうたい、踊り、また悲しみにくれる人々の感情を画家は動物や風景にも投影する。10代の麻美は、若鹿のように美術の森を散策した。

「この女の絵《タブロー》は顔のパーツがそれぞれ分かれている。なぜなのかわかるか」

ピカソの「泣く女」や「帽子の女」、「本を持つ女」を麻美に見せて彼が言った。

顔の片側に目が2つくっついている女もいる。

「顔はさまざまな要素が交じり合い、精妙に絡み合ってできている。それがパーソナリティー、人格なんだ。でも、僕たちはいつもそのどれかを見落としてしまう」

ひとりの女の中には、二人の女が、いやそれ以上に人格の違う女が住んでいる。

そんな彼の言葉を受け止めながら美術誌のページをめくり、麻美は虚脱を感じた。こ

田辺エージェンシーに移籍、再デビュー後の一枚

れまで何百、何千の人の顔を見てきたけれど、そのファンダメンタルな要素のどれひとつも見てこなかったかもしれない。まして奥行きを探したこともなかった。

麻美と彼は交通事故に遭っている。

彼の運転するシボレー・カマロがトラックに追突された。助手席には麻美がいた。深夜2時の環状七号線、通称環七、目黒・碑文谷の交差点でカマロは信号待ちしていた。

相手の居眠り運転だった。時速80キロのノンブレーキで突っ込まれた。当時の外車にはボディの底にガードレールのような合金が入っていると言われていたが、そのおかげか、麻美は無傷だった。しかし、通報で駆けつけた碑文谷署の警官が「これは死んだな」と呟いたのを麻美は覚えている。

クルマごと交差点から30メートル吹き飛ばされ、カマロの後ろ半分がぐちゃぐちゃに潰れていた。追突される直前、振り向いたら目の前にトラックの大きなヘッドライトがあった。

Chapter 7 田邊昭知

年の差はあったが、彼を恋人と言うよりは「同志」と思うようになっていた。麻美は仕事をして稼いでいたから、対等だった。海外旅行に行く時は互いに60万円ずつ持って行った。

いつしか、別れの時が来ていた。

持病の神経性胃潰瘍が悪化したことにして、麻美は大森の自宅に引きこもった。

――大病をし普連土学園高校を辞め、文化学院に転入。学校に行きながらＣＭやドラマの仕事も始めた。歌手としてもデビュー。おしゃれも遊びも精一杯やった。16歳からの5年間は時を早送りするような速度と密度で生きていた。

今の生活を終わらせたい。ふと、仕事を辞めてロサンゼルスに行こうと思った。子どもの頃からひとりだったから、学校を選ぶのも、芸能の仕事を始めるのも全て自分で決めていた。

麻美は、ロスの宝石の学校に留学していた友人に国際電話をかけた。

「そっちに行ってもいいかな？」

「来れば。空港に迎えに行くよ」

パスポートとお金だけ持ってロスに渡った。初めての海外ひとり旅だった。何をするでもなくぶらぶらし、当分何もしなくていい。秘書になりたいという夢もあったし、アメリカで学校に行って勉強し直そうと本気で思っていた。

空いている機内でエコノミーシートのリクライニングを倒して、遠くなる東京の街を思いながら、麻美は解放されたと感じていた。

ロスの空港に降り立つと、広々とした空に視界が開けた。乾いた空気と降り注ぐ太陽に、心の奥の固いものがほぐれていくのを感じていた。出迎えに来てくれた友人が麻美を見つけて微笑んだ。その日から彼女のアパートに転がり込んだ。

友人とベッドをシェアし、気まぐれな時間に起きる生活。ベッドサイドにはピストルが置いてもあった。その頃のロスは治安が悪かった。

昼は音楽をガンガンかけてぼろぼろのクルマでサンセット・ブールバードをひたすら海までドライブし、夜はサンタモニカ山地のグリフィス・パークで夜景を見た。豪邸が建ち並ぶビバリーヒルズを散策した。カーラジオをＫＪＬＨにチューニングするとカーペンターズの「ア・ソング・フォー・ユー」が流れていた。

これまでいろいろ旅をしてきた／多くの歌を歌い　時には歌詞を間違えたり
1万人の前で　愛を歌った／でも今　僕は君と2人　君だけにこの歌を歌う
（カーペンターズ「ア・ソング・フォー・ユー」延江訳）

果てしなく広い海に沈んでいくマリブの夕陽に癒された。ここには世界中から傷ついた人たちが集まっているようだった。大丈夫、人生、やり直せる。そんな言葉で傷ついた人たちを包み込む乾いた空気と太陽の中で、麻美は20歳の誕生日を迎えた。

東京では、赤坂プロダクションを辞めた麻美が、「わがまま」「苦労知らず」と批判され、死亡説まで流れていた。

しばらくして知人から連絡があり、帰国することになった。その人に付き添われて訪ねた音楽出版社の紹介で向かったのが、田辺エージェンシーだった。

ホリプロから独立した田邊昭知は当時、西麻布の富士フイルムビルの一角に事務所を構えていた。

緊張から身を守るように、麻美は買ったばかりのサンローランのピンクのトレンチコートを着て訪ねて行った。

田邊はダークグレーのスーツを着ていた。そのスーツは抑制された彼の姿勢を示し、手入れの良い肌と刈り揃えられた襟足と色の濃い瞳に、厳格さと男の色気を感じ取った。30代半ば、働き盛りの田邊だった。

「帰り際に、あの方とはどうなっているんですかと訊かれました。お友だちですって咄嗟に答えました。知りませんとは言えないですから」

あの出来事はこうして一生自分について回るのかと思う麻美だった。周囲は腫れ物に触るように自分に接するか、あからさまに好奇の目で見るかのどちらかだった。

でも彼は違った。自分のことを本気で心配してくれている。

茫漠として、孤独な沈黙の森に迷い込みそうになっていた麻美にとって、彼は正しい道筋を指し示す賢い標《しるべ》のように思えた。森の高みで目を凝らし、風を読もうと耳を澄ましている。そんな彼についていけば出口を見つけることができる。

霞町からの帰り道、春の空を見上げて麻美は恍惚の表情を浮かべていた。

危ない！　青山・紀ノ国屋前の赤信号に気付かず、タクシーのクラクションで我に返った。

20歳の春に田辺エージェンシーと契約し、半年後の秋には田邊との付き合いが始まった。

「彼の事務所に初めて挨拶に行ったとき、帰り際に一言あったんです」と麻美は言う。

「それは私のヘアスタイルについてでした。アイドルみたいに頭の左右に髪留めをして

日舞の発表会で。20歳の頃

いたら、『ちょっと、それはどうかな？』って。赤プロでもそんなことを言われたことはなかったし、とんでもなく恥ずかしかったですが、この人についていこうと思った」

麻美は彼に父親像を見いだしたのかもしれない。

「私は父のような存在が欲しかった。自分の世界を切り拓いていくような。家に帰らない父とそれを黙って待つ母。でもそんな母親に、ママ、どうするの？とは聞けなかった。ママが離婚すると言ってしまったら家族は崩壊する。他に女性を作った贖罪なのか、父は私を甘やかし、20歳の誕生日にはサンローランの白いブラウスを買ってくれた。反発と甘えの繰り返し。そんな父への思いが、私の恋愛観を形作ったのかもしれません」

ザ・スパイダースのリーダーとして、オークのスティックでドラムを叩いた彼の指からも、どこか父と同じ匂いを嗅ぎ取った。麻美にとって二人の男とは父と彼。その匂いなるものは、彼女にとって拠り所や励みにもなった。

父性の喪失が、私たちの共通項だったかもしれませんと、麻美は言う。

「東京の真ん中の有楽町で生まれて、泰明小学校に通った。彼の母は女手一つで、年の離れた妹を含めて4人の子どもを育てたそうです。彼はお母様が67歳でこの世を去るまでずっと一緒にいました」

空襲で生家も含めて何もかもが焼かれ、敗戦を迎えた。

故郷《ふるさと》の有楽町一帯は「リトルアメリカ」と呼称がつき、何もかもが変わった。

田邊昭知を「ショーちゃん」と呼んだマガジンハウス最高顧問（当時）の故木滑良久は、「今の数寄屋橋、東急プラザのあたりに造られたのが将校宿舎でね。旨そうな匂いがするんだ、そこを通ると。くんくん嗅いで、美味しそうな料理を想像してさ」と言った。

「アメリカ師団はピカピカなんだ。ヘルメットからブーツまで新品で、ズボンにはきちんと折り目があった。アメリカ文化センターで向こうの雑誌を見ると、そこにはものすごく贅沢な暮らしが載っていた。WVTR《進駐軍放送》からはアメリカのポップスが流れて、まったく新しい世界が聴こえてきた」

日比谷公園にはアメリカ人専用の野球場ができ、進駐軍将校の妻たちがピンクのジープを駆った。

「毎晩寝るのが惜しかった。眠らないで済む薬が欲しいくらい。そしてだんだん日本も金持ちになっていった」

それは清々《すがすが》しい気分だった。毎日が面白くて仕方がなかった。野坂昭如から「焼け跡派」が執着した戦争への憎しみとは無縁で、サーファーの如く新しい時代の波に乗った。

「ハートブレイク・ホテル」「監獄ロック」「G.I.ブルース」。エルヴィス・プレスリーがデビュー、カントリーからロカビリーにトレンドは流れたが、そんな中、田邊にドラムを勧めたのは、ホリプロファウンダー最高顧問を務めた堀威夫《たけお》だった。ロカビリーにはドラムが必要だった。

田邊はドラマーとして平尾昌章（当時）のいたオールスターズ・ワゴンに入り、めきめき頭角を現した。そこで再度堀は田邊に声をかける。自分のバンドのライバルとして活躍し始めていた田邊を引き抜き、堀はスイング・ウエストを結成。じきにマネージメントへの転進をはかる。「渡辺プロダクション」に追いつけ追い越せをスローガンに事務所の設立を目論み、東洋企画での紆余曲折を経て、堀プロを設立。

「田邊昭知は、新生『堀プロ』に参加を申し出てくれた。〝人情、紙より薄し〟と、子飼いのタレント達の相次ぐ離反に、いささか嫌気のさしていたときの、田邊の参加は私を大いに勇気づけてくれた」（堀威夫『わが人生のホリプロ　いつだって青春』小学館文庫）

1960年秋、かまやつヒロシ（当時）、北村英治クインテット、それに田邊昭知とザ・スパイダースを擁して堀プロダクションが設立される。田邊の意気に感じて作った「ザ・スパイダース」は、渡辺プロ仕切りのジャズ喫茶はもちろん、ジャズ喫茶銀座ACB《アシベ》にも出演が叶《かな》わなくなり、スケジュール面でも苦しいスタートとなった。だが堀は作曲家・作詞家の浜口庫之助のこんな一言に目を開く。

「堀君。夕焼けというのは、お陽《ひ》さまが泣いているんだよ」

「やがてできあがった曲を無理やりもらってきて、スパイダースの連中にこれを演《や》るよう渡した。（略）『いいかい、勝てば官軍で、ヒット曲さえ一つ出れば、君達の追求する音楽に大勢の日本人が耳を傾けるさ。今のままじゃ、知る人ぞ知るの範囲でしか伝わらないのではないか』（略）これがスパイダースの噴火のきっかけとなり、大ヒットした『夕陽が泣いている』である。（略）スパイダースのメンバーによるバタ臭いアレンジとコード進行が時流にマッチしたのはいうまでもない」（同前）

ホリプロ内でスパイダクションという今でいう社内ベンチャーを始めた田邊は、独立するとザ・スパイダースを率いながら、萩原健一がいたザ・テンプターズと契約、田辺エージェンシーの礎を作った。

堀、田邊、木滑らが世に出た50年代は、「ビート・ジェネレーション」の時代である。ジャック・ケルアックやアレン・ギンズバーグ、ウィリアム・バロウズらビートニクの文学運動は日本にも波及、多くの若者の熱狂的支持を受け60年安保という反体制運動の精神的支柱にもなった。

のちにべ平連を設立することになる小田実は世界を放浪して著書『何でも見てやろう』を書き、ベストセラーになった。

歌人の寺山修司、映画監督の篠田正浩、音楽でいえば小澤征爾に武満徹……。ファッションや絵画、音楽を生業とする若者が、慣習や常識という枠を打ち破り、成功していった。

「田邊さんには透明感があった」と杉山恒太郎は言う。

「まるで詩人だった。東京っ子のプライドっていうのかな、仁義で生きている。そして欲がない。それほど最強な存在はない。無私な男の言葉に、ノーなんて誰も言えないじゃない」

杉山が常務取締役で電通を退いた時、「恒太郎、お前には誰にも負けない品がある。それを忘れるな」と田邊ははなむけの言葉を贈った。

「事務所の社長と所属タレントの秘められた恋？　ご法度ですよね」と麻美は言う。

「私は奔放で、清純ではなかった。それがあの男《ひと》と出会って変わってしまった。彼は男の世界にいたんです。自分の倫理に忠実で、見返りを求めず、常に他人に奉仕していました」

麻美は20代の頃から田邊にこう教えられた。

「若さはあっという間になくなってしまう。でも、人間としての魅力は60代になっても80代になっても消えないんだ。どんどん深くなる。それを忘れずに自分を磨け」

「人の一念、岩をも通す」「清濁併せ呑みながら清くいろ」「虚と実の間を華麗に行き来しろ」

田邊のそんな言葉を自ら諳《そら》んじ、麻美は時代の舞台に立ち続けた。

Chapter 8
「淫靡と退廃」

田辺エージェンシーに所属し、再スタートを切った麻美は1974年10月5日、シングル曲「ある事情」をリリースするが、いかんせん大ヒットとは言えなかった。

「お前はいつでも猫背だな、背が高いんだからファッションを学べ。モデルとして勉強してこいと言われました」

彼女が田邊の指示で岩崎アキ子のモデル事務所、ナウ．ファッション．エージェンシーの門を叩いたのはそんな時だ。

「麻美さんの印象？　うーん、女優とか歌手という印象はありませんでした。どんな歌を歌っていたのかも知らなかった。でも、ファッションが『できる』人だとは思った」

「ウチの事務所には、個性的な人ばかり。みんなおしゃれだけど、どこか変わっている。でもね、〝素直な子〟は、すぐ売れるんです」と笑う岩崎アキ子は、これまでに300人以上のモデルを世に送り出してきた。

「70年代当時、アメリカンスクールに通っていて、夜な夜な元気に遊びまわっているような、大人からみれば不良少女たちね。13、14歳で上から下まで黒い服を身に着けていたり、そんな子たちです。麻生れい子をはじめとして、結城アンナ、出口モニク……不良だけど下品では決してない。そういう子たちにアートディレクターやカメラマンが目を付けたんです」

岩崎の言う「下品ではない」「不良少女」は10代の小林麻美そのもので、彼女の「雨音はショパンの調べ」の日本語詞を書いたユーミンもまた然りである。

「ハーフの時代。日本とアメリカのね。戦争の影というものがあったのかもしれないけど。あと、既製服の時代でした。オートクチュールではなく、プレタポルテをとっかえひっかえ自分なりに着こなしてどこまでも自由だった。(東由多加の)東京キッドブラザースの公演にモデルが出演したりと異分野の交流も盛んだった。暦の上では9月は秋。でもまだ暑いでしょ? けれど、さあ秋が来たってカシミヤのセーターを着て歩いてくる子もいた。で、事務所に着くなり、まったく暑いわ!ってキャミソール一枚になったり(笑)。そういう気概があった。ファッションの先端を担っているというね」

1975年、岩崎はホテルオークラのプールで文化出版局の雑誌「ハイファッション」に掲載する自社広告の撮影を計画した。自分が一番似合うと思う服を着てきてとモデルたちに言うと、真夏なのにミンクのロングコートを着てきたり、真っ裸でプールに飛び込むモデルも現れた。

「70年代はハチャメチャな時代でしたから、ファッションもそれに呼応していたんでしょう。今、モデルは単なるタレントになってしまったけれど、当時は（お茶の間が相手の）テレビには出なかった。はっきり分かれていたんです。それも気概というか、世間の常識には決して収まらないというプライドね」

そんな中、背が高いことが麻美のコンプレックスだった。

「彼のアドバイスは的確だった。普連土に通っている頃から、1ミリでも低く見せないとと思って、両肩を下げて猫背にして挨拶したりしていた。それも注意されました。堂々としなさいと。岩崎さんのところに出されたのも、コンプレックスを超えろということだったと思う。実際、モデルさんたちに交じると私が一番小さかった（笑）。そこからですね、ヒールを履くようになったのは」

麻美は1年間限定でナウ．ファッション．エージェンシーに預けられた。やるせなさと物憂げな表情の中に麻美の強い自己欲求を見抜いた岩崎は、すぐさま動いた。モード系ファッション誌「装苑」に麻美を登場させ、それがアートディレクターの石岡瑛子の目に留まり、ＰＡＲＣＯのＣＭ「淫靡《いんび》と退廃」への起用につながる。

石岡は東京藝術大学を出て資生堂に勤務後、１９７０年に独立していた。

「駿河湾を望む静岡・沼津港でクルーザーが私を待っていたんです。石岡さんはオーラがあり過ぎて、何だかよくわからなかった（笑）。夜でしたが、照明が煌々《こうこう》としていてスタンバイは完璧でした。石岡さんが用意していたのは、目の覚めるような三宅一生の真っ赤なイブニングドレス。撮影は（１９８３年からイタリアンヴォーグ、フレンチヴォーグ、ジャーマンヴォーグのカメラマンになる）横須賀功光《のりあき》さん、真ちゃんことヘアメイクの野村真一さんはニューヨークから帰国したばかり。真ちゃんは、私の髪のリボンをはぎ取り、ひっつめにして、これがいいわって鏡越しに私を見た」

ＣＭのコピーは「人生は短いのです。夜は長くなりました。」だった。

石岡は、76年の麻美のＰＡＲＣＯのＣＭ後、ニューヨークに渡って、ブロードウェイで衣装を手掛け、欧米を舞台にパンキッシュなクリエイティブを発表し続けた。

１９８７年にはジャズの帝王・マイルス・デイヴィスのアルバム「ＴＵＴＵ」のジャケットデザインでグラミー賞を受賞した。マイルスは反アパルトヘイト運動で知られる南アフリカの平和運動家デズモンド・ムピロ・ツツの名を冠したアルバムを作ったが、石岡が考案したジャケットにはアーティスト名はなく、鋭い眼光のマイルスの顔のみ。「ハッと息を呑むもの」というマイルスのリクエストに石岡が見事に応えた作品だった。

「私は才能の集まる場所に足を踏み入れたんです。超一流と仕事をするということは、『魔術』にかかることだと知りました。ジャン・ルノワール監督の映画『ピクニック』のサントラを流しながら、石岡さんがタキシードの初老の男性と一緒に踊れと私に言った。私は踊りました。黒いタキシード姿の男性に後ろから抱かれながら、自分はこういう世界が好きだったんだと気づいた。力が集結している場所に自分はいる。やっとこういう場所に来たんだって」

問題は、汝の書こうとしたことが、真に必要なことであるか、ということだ。汝の生命と引換えにしても、それを表現せずにはやみがたいところの汝自らの宝石であるか、どうか、ということだ。（「日本文化私観」）

とは作家・坂口安吾の言葉だが、命がけの真剣勝負の現場だった。人生や人間の存在の意味を考えさせる、ＰＡＲＣＯのＣＭはそんなレヴェルの作品だった。「ただでは見せない」とでも言うような迫真の石岡のディレクションで、麻美は広告の最前線に躍り出た。

横須賀功光が撮った、か細い体とアンニュイにして芯のある表情が話題になり、麻美はアイドルとは全く違うストーリーを歩み始めた。

ＰＡＲＣＯの後には、資生堂「マイピュアレディ」の撮影があった。このキャンペーンには数十億円が投下され、音楽は尾崎亜美が担当した。45日間にわたる長期ロケがアメリカで行われると田邊に伝えた。

「でもお前、それは行かないだろう」

「私、行きます」

麻美が答えると、彼は「えっ？」と意外な顔をした。

メキシコとの国境に近いカリフォルニア州オレンジ郡、ラグナ・ビーチは世界中からアーティストが集まる高級リゾート地である。

撮影が終わればビーチの目の前に位置するホテル、サーフ・アンド・サンド・リゾートで寛《くつろ》ぐ毎日だった。太平洋を眺めると、決まった時刻に夕陽が沈んでいく。

「ロスは私にとって大切な場所でした。半ば逃げる形でロスに渡り、友だちのアパートに住みながら20歳を迎え、大らかなロスの空気感に癒されて、また仕事を頑張ろうと思い直した場所。それから3年経って、私はまたロスにいて、ラグナの夕陽を眺めている」

麻美はこのロケに入る前に決めていたことがあった。時差もあり、なかなか東京には電話はできない。毎日彼に手紙を書こう。出発前にエアメールの封筒を大量に買い、現地に到着するとコーディネーターに切手を買ってもらった。そして本当に毎日手紙を書いた。

遠く離れた田邊に書く手紙は、自分の想いを綴ったラブレターのようだった。45日の

人生は短いのです。夜は長くなりました。
PARCO

1976年、PARCOの広告「人生は短いのです。夜は長くなりました。」。アートディレクター＝石岡瑛子、フォトグラファー＝横須賀功光、モデル＝小林麻美。『パルコのアド・ワーク1969－1979』（PARCO出版）から

ロケで45通の手紙を書いては投函するうちに、麻美の心境に変化が訪れていた。

彼を好きであることは変えようがない。でも、もう諦めよう。彼には自分の他に好きな人がいる。それくらいわかっている。こうして離れて冷静に考え、改めて思う。ああ、私じゃないんだ。必死に自分に言い聞かせながら、毎日手紙を書いた。

ラジオから毎日エルトン・ジョンの「悲しみのバラード」が流れていた。

悲しい、ほんとうに悲しい、あまりに悲しい、あまりに悲しい状況/悲しい　もう話し合うこともできないの？「ごめん」という言葉が一番辛い
（エルトン・ジョン「悲しみのバラード」延江訳）

日本に帰ったら、仕事を頑張ろう。彼には私の他に好きな人がいるんだ。そう自分に言い聞かせながら帰国の飛行機に乗った。


ロスから戻った日はクリスマスイブだった。

羽田空港から大森の実家に帰ると、伝言が残されていた。

夜9時を過ぎていた。事務所から電話があったわよ、と母親が言った。

「キャンティにいる。電話をくれ。社長から」

マイピュアレディ
ピュアな生き方 ピュアなくちびる 資生堂スプレンノス クリスタルデュウ リップスチック"新発売"4色

1977年、資生堂「マイピュアレディ」ポスター。モデル＝小林麻美、撮影＝レナード・デ・フランチェスコ

その伝言に自宅の黒電話から飯倉のキャンティに連絡を入れた。

田邊に取り次いでもらう間の賑やかな人の声や物音に、ああ、今日はイブなんだと思った。

「今帰国しましたと伝えたら、『原宿にマンション借りたよ』。周りに気を遣うような、くぐもった彼の声が返ってきた」

彼との関係を清算して別れようと思って帰ってきたのに、自分と住むためにマンションを借りたと言う。麻美は原宿に向かった。抜け出せない恋の円環を予感し、やるせなさを抱えながらムートンのコートの襟を立て深夜の表参道を急ぐ麻美は、映画「男と女」のアヌーク・エーメのようだった。

イブも午前零時をまわっていた。その夜は寒く、借りたばかりの部屋には暖房もなく、二人は凍えた。お互いに「寒いね」と言い合った。

「そんな部屋で、私たちはまた始まった……」

二人が住むことになるマンションは、表参道と明治通りの交差点脇の細い道を入ったところにある、6世帯ほどの小ぢんまりとした集合住宅だった。


ノー・ノー・ノー・ノー・ボーイ／ノー・ノー・ノー・ノー・ボーイ

麻美はザ・スパイダース時代の田邊が歌詞をつけた「ノー・ノー・ボーイ」を口ずさんだ。作曲はかまやつひろし。

いってもいいかい／イェイェイェイェ／ベイビー
これから行くよ／おまえの家に
ノー・ノー・ノー・ノー・ボーイ／今夜はだめなの／ノー・ノー・ノー・ノー・ボーイ

（ザ・スパイダース「ノー・ノー・ボーイ」）

70年代後半の原宿は古さと新しさが混在する特別な場所だった。銭湯や青果店、材木店があり、竹下通りにしてもごく普通の商店街だった。その一方、セントラルアパートには時代の寵児と呼ばれたコピーライター糸井重里が事務所を構え、表参道には菊池武夫のBIGIや大川ひとみのMILK、金子功のピンクハウスなどのブティックが軒を並べ、カフェバー・ペニーレインには井上陽水や吉田拓郎、加藤和彦らが夜毎《よごと》出入りするなど、音楽でも最先端の界隈になっていた。

田邊はテレビ、音楽業界で一目置かれる存在になっていた。そして、仕事が順調になればなるほど、麻美との関係は秘密にされた。

「私と彼の関係はひた隠しにされました。徹底して隠す。それが当時の芸能界の流儀だった。井上陽水に『カナリア』という曲がありますね。よく聴きました。まるで私だと思って」

人々の愛を受ける為に飼われて／鳴き声と羽の色でそれに応える
カナリア　カナリア／カナリア　カナリア　カナリア
盗賊は夜を祝い君にうたわせ／プリンセスからのながい恋文を待つ
カナリア　カナリア　カナリア／カナリア　カナリア　カナリア

（井上陽水「カナリア」）


この歌詞のように、盗賊の頭領が彼で、カナリアが私だとしたら、と麻美は思う。

「いちばん夢を見てた人のことを教えて／いちばん恋をしてた人のことを教えて／いちばん大好きな人の名前うちあけて」にある「いちばん恋をしてた人」や「いちばん大好きな人」はいったい誰のこと？

「私ではないのだろう……わかってる」

陽水の描く世界は確かに甘美ではある。しかし、麻美にとっては苦しみの世界だった。

「私はひたすら待つ生活です。事情を知る人は大変でした」

所属タレントとの付き合いで、公私混同を自らに戒めていた彼にも負い目があった。

「だからこそ、私とのことはシビアでした。外では絶対に会わなかった」

栄枯盛衰の芸能界で「タレントの代理業＝エージェント」という新しい旗印を掲げ、生き馬の目を抜く業界での活躍で台頭した彼である。

そして年齢の差のこともあった。

「15歳です。私が20歳で、彼は35歳。今ならそんなことはないけど、あの頃は主従関係の年の差ですよね」

彼も自分も独身で、お互い結婚歴はない。まっとうな付き合いである。だが芸能界のしきたりとしては許されない。しかし、麻美の中では結婚したいという願望はもちろんあった。

麻美はスターへの階段をぐんぐん上っていく時期だった。

「仕事が（夜の）8時に終わるとする。だから、9時には家にいますって彼に言う。そうしたら9時には家にいた。電話をひたすら待って。当時は携帯なんてないから。それが幸せだった」

麻美の20代まるまると、30代の7年間。

「17年です。彼がいなかったら、男性遍歴を繰り返して、もしかしたら大女優になったのかもしれない（笑）」

麻美は80年に公開された大藪春彦原作の映画「野獣死すべし」で松田優作と共演している。松田の指名だった。彼は31歳、麻美は26歳。人気絶頂の松田と息を呑むような麻美の美しさが際立つ映画となった。

松田は元戦場カメラマンを演じ、その主人公に想いを寄せるヒロイン役だった麻美は、銀行強盗に及んだ恋人に射殺され、白いドレスの胸が真っ赤な血で染まる壮絶な最期を披露した。

「優作さんはどこまでも優しかった。私は彼に撃たれて死ぬんですが、弾を装塡するのがほんとに怖くて。銃の引き金を引くと血がドーンと出る。その瞬間の音がすごいんです。耳が聞こえなくなるくらい。怖いな怖いなって思っていたら、優作さんが絶対大丈夫だから、怖がる必要はないよ。僕がボタンを押すから、と言ってくれました。その撮影中に父が亡くなったんです」

父の禎二は大森に帰ってきていた。末期の食道がんだった。

「埼玉の家から帰ってきたんです。自分の会社は弟に譲った。あの頃は今と違って告知はしなかったんですよ。がんのことは、家族みんなでひた隠しにした。でも、わかっちゃいますよね。まるで（菊池寛の戯曲）『父帰る』ですよ。入退院を繰り返して1年ぐらいで亡くなりました」

痩せさらばえて頬がげっそりこけ、目ばかりがぎょろぎょろと目立っていた。枯れ枝のような腕と足。魂が抜けたよう。こんなになっちゃった。たくましかった体が小さくなって。

「嚥下《えんげ》できなくなったので、スープをすくって、父の口元に少しずつ。格好良かった父がかわいそうだった。自分が一番嫌だろうなって。だから下の世話はしなかった。私は見ないようにしていた。最後までかっこいい父親を全《まっと》うさせてあげたかったんです。あの頃の食道がんってそれは大変だったので、亡くなった時はやっと楽になれたねって思って涙も出なかった。私は父が好きでした。胸に手を当ててると、まだぬくもりが残っていた」

8月12日の暑い日の午後だった。

父の胸に頬を埋めて、麻美は逆に父の胸元にやっと帰ることができた気がした。病室から夏の青空が見えた。中学の時、麻美が入院した北品川総合病院だった。あの時、女性のところから見舞いにやって来た父を見て、お父さんいらしたんだねと驚いたドクターは父の見舞いに来てくれた。父の手術のために、医大の後輩である虎の門病院の名医を呼んでくれもした。

晴れた日には子どもの麻美をスカGの助手席に乗せ、できたばかりの首都高速を走る父だった。バイクでは後ろから父の腰をぎゅっと抱きしめた。スピードが自由と恍惚を与えてくれた。下り坂が好きだった。ジェットコースターみたい。興奮して、危ないなんてこれっぽっちも思ったことはなかった。

葬儀に父が付き合った女性に来てもらおうと母に提案したのは麻美である。

「パパの彼女たち、みんなに来てもらおうよ。パパだって会いたがっているはず」

葬儀で母はそんな父の女性すべてに挨拶していたが、麻美にとって父の彼女たちは平凡で地味な女性ばかりに見えた。「でも、そこが人間味あるな」と笑ってしまった。

「パパの会社の事務員とか、赤ちゃんを抱いてきた人も。身近なところに手を付けて。どこまでもダメなパパ」

葬儀の準備と「野獣死すべし」の撮影が重なった。「その時も優作さんが心にかけて下さった」。麻美は大森の実家にある本棚を眺めた。父の手作りの本棚には『徳川家康』『老人と海』『新書太閤記』の背表紙が並んでいた。どれも角が擦り切れ、黄ばんでいる。母はそれらの本の間に、家族のアルバムを差し込んでいた。父の写真も含まれていて、麻美はパパもこの本棚の中に戻ったのだと思った。

著作者の多くはこの世にはいない。人の死は悲しいものだけれど、こうして記憶の本棚に収まるのであれば、目の前の喪失より豊かさを感じるものであった。

Chapter 9
ユーミン

京王井の頭線三鷹台駅を降り、小高い丘を上ったところにある立教女学院は、日本聖公会というキリスト教派に属し、門をくぐると杉並区指定の有形文化財、聖マーガレット礼拝堂がある。

荒井由実は立教女学院中学の頃から飯倉のキャンティに通い、大人たちにかわいがられ、人々の晩餐を垣間見ていた。

「八王子から通ってきていてね、あんなに遠いところからどうやって来ているのかと思っていました。おしゃれで、イカした女の子だとは思っていたけど、まだ子どもだったから、色恋にはまざらなかった」とキャンティのオーナー、川添浩史の息子で音楽プロデューサーの川添象郎は笑う。

パリから帰国し、日本で音楽出版社を立ち上げた作曲家、村井邦彦も高校生のユーミンに注目した。村井は慶應のビッグバンドサークル、ライトミュージックソサイェティ出身だが、キャンティに出入りしていたのはその前、フランス・マリア会を設立母体とする暁星学園に通っていた頃からである。

「店には今まで会ったことのないような人たちがたくさん集ってましたね。いやあ、学校より影響力があった。まだキャンティの前を都電が走っていて、夜の11時だか12時だかに、終電が終わっちゃうと、あたりは静かになるんですよ。川添さんはギタリストでもあったから、店の前に椅子を並べて、彼のギターを聴いていたのを思い出します。東京タワーだけ明るかったな。あとは真っ暗。キャンティの周りだけちょっと明るくて、もうちょっと六本木の方に行くと、『エイティエイト』っていう、アメリカ兵用のクラブかな、そこもちょっと明るいくらい」

村井が創立した音楽出版社、アルファミュージックの社名にアイディアを出した川添は、青山のビクタースタジオでザ・タイガースにいた加橋かつみのアルバム制作に取りかかっていたが、そこに川添はユーミンを連れていった。

「そんな時、私、いい曲書くんですよって、ユーミンがいきなりスタジオのピアノを弾いたんです。彼女が音楽をやるとは全然知らなかった。で、一聴してこれは！　って思った。コード進行、メロディ、歌詞。全て才能がある。なんだこの娘、色恋だってちゃんとわかっているじゃないか！　って（笑）」

スタジオでその作品を耳にした村井は、ここはパリかと耳を疑った。アンニュイで繊細、すぐに折れてしまいそうな青春の儚《はかな》さがあった。ヌーヴェルヴァーグのサウンドトラックの趣も。それが加橋かつみが歌うことになった「愛は突然に」だった。ユーミンはアルファミュージック初の専属作曲家となった。

「いやもう、タンタン（川添梶子）が身なりに厳しいんですよ」と笑う村井は、いつもスーツ姿である。

「学生だからってあんまり薄汚い恰好をしていると、怒られます。当時のユーミンですか？ 覚えています。いいところのお嬢さんっていう感じできちっとしていた。アルファミュージックは三田の東急アパートにあったんですけど、彼女はそこに曲を書いて持ってくる。それを録音したテープもね。12〜13曲溜まってきて、今度は彼女のレコードを作るという動きになっていくわけです。フランソワーズ・アルディとかジョニ・ミッチェルとか、向こうではシンガーソングライターの時代になっていた。そこに細野晴臣を呼んできて、彼にセッションバンドを頼んだら、松任谷正隆が現れるわけです」

初めてのアルバム「ひこうき雲」が発売された時、荒井由実は多摩美術大学に通う19歳、松任谷正隆は三田の慶應義塾大学に通う22歳だった。

一方、当時の麻美はというと、アイドル歌手としてデビューして同世代のアイドルたちと夜行列車に乗って地方に営業に行ったり、ミニスカートで歌番組に出たり、アイドル雑誌の撮影で笑顔を作ったりという日々だった。貧困の中、地方から上京して家族を支えるために歌う歌手もいた。麻美には彼女たちのような強い動機はなかった。もちろん、ユーミンとの邂逅《かいこう》はまだない。

ユーミンの後ろで、正隆は心を躍らせピアノを弾いた。

「（シルヴィ・ヴァルタンの）『アイドルを探せ』からきたライン、それからボサノバとか、ジャズボーカルとか、そのフレーバーもあった。吉田美奈子の『扉の冬』っていうアルバムに同時に携わっていたんだけど、美奈子がね、なんて言ったらいいのかな、迎合しないというか、とても個性的な音楽で、ポップではないという言い方をしてしまってもいいと思うんだけど、そういう音楽なのに対して、由実さんの音楽はその正反対。同じシンガーソングライターだけど、美奈子が内側を向いているのに、由実さんはきっちり外というか、将来に向いているみたいな。そんな印象がありました」

51年生まれの正隆は、ユーミンより3歳年上である。「もはや『戦後』ではない」と経済企画庁（現・内閣府）が経済白書で記したのが１９５６年。彼が４歳の時だった。白書はこう続いている。

「我々はいまや異なった事態に当面しようとしている。回復を通じての成長は終わった。今後の成長は近代化によって支えられる」

「初めて東京タワーに上った時のことを覚えています。展望台までのエレベーターから眺める東京の風景が印象的だった。幼稚園の頃からうちにあった東京のスライド写真、終戦後まもなくのものだからやっぱり50年代だったんだろうな、国会議事堂とか東京駅とか、それを撮影したスライド写真がパタパタッて頭の中を駆け巡った。当然高層ビルなんてなかった。高いところから見る街っていうのを初めて見たんじゃないのかな。しかも、山からではなくて東京の真ん中から」（ＴＯＫＹＯ ＦＭ「愛国とノーサイド ミュージックドキュメント～音楽少年たちの東京ヒストリー～」２０１９年３月３日放送）

正隆がユーミンの楽曲に感じたという「アイドルを探せ」は麻美が小学生の時、生まれて初めて買ったレコードだ。わからないままのフランス語で、麻美はその歌を小学校の行き帰りによく口ずさんだ。

慶應幼稚舎のクラス会で、クラスメートがギターを抱えＰＰＭ《ピーター・ポール&マリー》やキングストン・トリオを演奏したのにちょっとしたショックを受け、正隆は新宿の帝都無線でモーリスの前身、穂高のアコースティックギターを買っている。

マセた連中はバンドを始める。女子の気を引こうというわけだ。

「男子だけの普通部だったから、女の子と知り合うのは学園祭が一番手っ取り早いだろうけど、残念ながら中学では学園祭がなかった。広尾の東京女学館の学園祭に一人で出かけて行って校内を一周して帰ってきたり（笑）」

友人とレコードを貸し借りし、ローリング・ストーンズ、ビーチ・ボーイズ、フォークのアーロ・ガスリーと片っ端から聴いた。

「ビートルズの来日チケットあるから行かないかって誘われたけどスルーしました。後悔はないですよ。女の子がキャーキャー言うだけで、音楽が聴こえずに終わるのはわかっていたから。ストーンズにしてもただ汚いだけだった。嫌悪感が消えたのは大学に入ってから。クラシックに関わっていた自分の感性が時代の音にだんだんと追いついていった」

この時のビートルズ来日公演を、麻美は母に連れられて観に行っている。日本武道館の3階、上階から見下ろすビートルズの演奏は、あっという間に終わってしまった。今でこそプラチナチケットと思われているビートルズの武道館公演だが、意外と多くの若者が彼らのライブに足を運んでいる。

東急百貨店東横店のコンテストに出場した友人のバックでピアノを弾いていたところを加藤和彦に声をかけられた正隆は、ＣＭの仕事から始めて、吉田拓郎のレコーディングに参加、大学に通いながらスタジオミュージシャンとして活動するようになり、やがて細野晴臣と知り合う。

「アイドル全盛でね、譜面を見ながら演奏する。スタジオはいつも同じ顔ぶれだった。音楽1曲20分で終わっちゃう。なんだか駅弁を次から次へと作っているみたいだった。音楽を生産する感じで、胸くそ悪かった。そんな時です、由実さんに出会ったのは」

そんな正隆たちがバックにつき、アルファレコードからシンガーソングライター・荒井由実の作品がリリースされた。

「（ユーミンなら）どんなアレンジでも大丈夫だと思った。『ひこうき雲』は永遠不滅のメロディと和音で完成されていた。僕らはそれをサウンドでお化粧するだけだった」（ＴＯＫＹＯ　ＦＭ「Ｙｕｍｉｎｇ　Ｃｈｏｒｄ」２０１９年11月22日放送）と細野が語り、川添象郎は「荒井由実時代の『ひこうき雲』『ＭＩＳＳＬＩＭ《ミスリム》』『ＣＯＢＡＬＴ《コバルト》　ＨＯＵＲ《アワー》』のアルバム３作は永遠の傑作ですね」と言う。

「自分の音楽はこういう風に作りたい、そのアンテナがキャンティという空間にひっかかったんじゃないかな。世界中の文化人やいろんな大人の人生を眺めて、憧れて」

75年10月リリースの「あの日にかえりたい」は荒井由実時代の作品で、６枚目のシングルである。ユーミンはこの曲を自身のラジオ番組で紹介しながら、「イントロで泣きそうになりました。（イントロでスキャットをしている山本）潤子ちゃんのこんな素晴らしい声も永遠じゃないんだなって思って。彼女は（音楽活動を）やめてしまったけれど、やめるという、人生にはそういうことがあるんです」と語った。

「たとえば、ラジオでは、パッケージされたもので聴くからね。私たちは肉声だから、『今』だって、いつかは過去になるってわかる。（この曲を作った）荒井由実という時代は、封印というか、フレーミングしているんです。スタジオで何を食べたとか、どんな会話をしたかとか、そのフレームの中を私はきちんと覚えています」（「Ｙｕｍｉｎｇ　Ｃｈｏｒｄ」２０１９年３月22日放送）

セカンドアルバム名は、「MISS　SLIM」から。ユーミンが痩せっぽちだったことからつけられた。ジャケットはキャンティの川添梶子宅で撮影され、グランドピアノもユーミンの着たサンローランの黒いドレスも梶子の私物だった。かぐや姫「神田川」に代表される四畳半フォークの全盛時代に、若いシンガーソングライターとしては際立って豪華な意匠のレコードジャケットとして耳目《じもく》を集めた。

14歳の少女の時からユーミンに目をかけ、自分のサンローランを着せた川添梶子は、「MISSLIM」レコーディング直前に一人暮らしの自宅でこの世を去る。46歳だった。

息子の象郎は義母の死を知らせるためにイヴ・サンローランのパリメゾンを訪ねている。彼の部屋のドアを開けても机にはいない。片隅にイヴがいて、タンタンがこの世を去って寂しいと泣いていた。

「ラブソングを書いているとは思ってないの。ラブソングという設定をかりて、もっと他の風景とかをいいたいの。日の光や、水の影や」（『ルージュの伝言』角川文庫）

村井邦彦は「ユーミンの歌に武蔵野の景色が出てくるんですよ」と言う。

「僕の大好きな曲で『雨のステイション』という曲があるんですけど、明らかに中央線沿線の風景が出てくる。梅雨時で、小糠《こぬか》雨が降っている、そこをつばめが飛んでいる。祖父の家が高井戸にあったんで、ユーミンが通っていた立教女学院があったところは少し感じがわかるわけ。高井戸のおじいさんの家に遊びに行くと、駅を降りるとあたりは一面、雑木林と畑だった。この間車で通りかかったら、密集した住宅街になって、武蔵野の面影は一切なくなってしまった。いやあ、寂しいなあと思いました」

ユーミンはこう語っている。

「歌によって、思い出と結びついている感性に魔法をかけ、日本人が帰るべき〝ノスタルジー〟を提供することが私の役割です。そのイマジネーションの力が、これからの時代における豊かさの基準になるのではないでしょうか」(「文藝春秋」2019年3月号)

完成度が高い作品は自立し、作者も制作に費やした時間も消えてしまう。ユーミンが第66回菊池寛賞受賞の際に語った、自分の作品は将来「詠み人知らず」として残ること、それが私の理想、という言葉にしても、発信者の名が消えることで受け手の情操、気持ちが浮き立って永遠に繋がることを意味している。そこに残るのは物語を取り巻く風景のみ。これはほんのひと握りのアーティストだけがなせる業《わざ》である。

過度な重さや湿度を消した作品だからこそ、リスナーは自分の人生をそこに投げ入れることができる。

麻美の再デビューシングル「ある事情」のリリースが「やさしさに包まれたなら」などを含むユーミンの名盤「MISSLIM」と同日だったことも奇遇である。

「私は東京の郊外に生まれ育っていて、それが音楽を作るのにすごくラッキーだったんですよ。(略)ちょっと離れた距離感で冷静に見ることもできる」(「FRaU」1996

年10月22日号）ともユーミンは語るが、その距離感は、東京の南、城南地区の海辺の街に生まれ育った麻美も共有している。

Chapter 10 「雨音はショパンの調べ」

１９５４年1月19日生まれのユーミンと53年11月29日生まれの小林麻美。学年が同じ彼女たちは、繊細で濃密な60年代後半から70年代を共有している。

　「憧れ」という言葉がきらびやかに響くような時代だった。二人の出会いは、いつ、どこでだったのか、お互いに覚えがない。いつの間にかと口を揃える。

東京に生まれ育ち、立教女学院、普連土学園と、10代の頃からミッションスクールに通った彼女たちは横浜、横田の米軍キャンプに出入りし、60年代のカウンターカルチャーのダイナミズムを知っていた。

「ボーイフレンドにしても、私は日本とドイツのハーフのマオと付き合って、ユーミンはアメリカンスクールのＡＳＩＪ（Ｔｈｅ Ａｍｅｒｉｃａｎ Ｓｃｈｏｏｌ ｉｎ Ｊａｐａｎ）に通いながらロックバンド、ザ・フィンガーズでベースを弾いていた華僑のシー・ユー・チェンと親しかった。香港はＨｏｎｇ Ｋｏｎｇ、ユーミンはＹｕｍｉｎｇ。〝ｇ〟をつけるのはシー・ユー・チェンがＹｕｍｉｎｇとニックネームを付けたから」と麻美は語る。

「連絡を取るようになって、ユーミンの家にはご主人の正隆さんがいたり、（井上）陽水さんとユーミンの手料理を食べたり。私とユーミンは前世でも姉妹、いや夫婦？（笑）好みも性格も違うのに、それくらい気が合って惹かれ合った。この世界の友人は彼女だけでした」

ユーミンと麻美の間には不思議な符合がある。麻美の誕生日の11月29日は、ユーミンと正隆の結婚記念日である。また、麻美の父の誕生日と正隆の誕生日は同じ日だ。

「麻美ちゃんは私を『頭《かしら》』って呼んでいた」とあの頃を振り返るユーミンは「ムッシュと3人でもよく遊びました。実はムッシュが私たちの後をついてきただけだけど（笑）。どこで遊ぶのか、どんな店に行くか、何から何まで全部私が仕切るものだから、『仲居頭』なんて呼ばれてね（笑）」

ムッシュことかまやつひろしは麻美とユーミンをよく自分の車に乗せた。

「ボロボロの茶色いミニクーパーで、銀座通りを酔っ払って猛スピードでぎゃーって叫びながら。ムッシュがポルシェを買った時はツーシーターにユーミンと私と3人乗って、狭い車内で大騒ぎ」（麻美）

「とにかく最先端で格好いいことをやろう」。それがムッシュのポリシーだった。彼が田邊昭知と作ったザ・スパイダースについて、「日本で最初のロックバンド」とユーミンが形容している（「Love music presents ムッシュかまやつ伝説」フジテレビ、2017年8月28日）。キンクスやフェイセズを手本に、衣装、ふりつけまで洋楽指向だったムッシュはオリジナルより、向こう（ブリティッシュ・ロック）のコピーだけをやっていたいと、その傾倒ぶりは徹底していた。

72年、ムッシュはキャンティ仲間でもあったユーミンのデビューシングル「返事はいらない」をプロデュース。ユーミンは18歳。たった300枚しか売れなかったが、それが幻の名盤と呼ばれる所以《ゆえん》にもなった。高橋幸宏、ガロ、BUZZ、小原礼といった若いミュージシャンを起用し、当時では珍しいレゲエのリズムをベースに、先取り精神が光る収録だった。

クルマ好きのムッシュのためにユーミンが書いたのが「中央フリーウェイ」。細野晴臣、鈴木茂、林立夫、松任谷正隆というティン・パン・アレーのメンバーをバックにムッシュがこの曲を歌っている。これは久世光彦がプロデューサーを務めたTBSの「セブンスターショー」という番組のために作られた曲である。

特別な3人、麻美とユーミンとムッシュの日々……。

そんなムッシュも2017年春、従妹の森山良子に手を取られこの世を去った。ベッドの傍らにギブソンのヴィンテージギターが置かれていた。

「あんなに良い人はいなかった」と麻美はムッシュを偲ぶ。

「自分は一歩退いていつも私たちを主人公にしてくれた。優しくて、怒ったところも声を荒らげるところも見たことがありませんでした」

六本木にはザ・ハンバーガー・インがあった。ソウルバー・ジョージスも。東京の日々を遊んだ東京生まれの「不良」少女たち。

「(86年に) プリンスが初めて日本に来た時、横浜スタジアムのライブに行きました。アリーナ席には紫のタンバリンが置かれていて、いやが上にも盛り上がった。紫といえば『パープル・レイン』でしょ。ステージから二十何番かの十分に良い席だったのだけど、ユーミンがもっと前にいたレコード会社の女の子を目ざとく見つけて、ちょっと、代わって頂戴って、さらにいい席に。職権乱用ですよ(笑)」

ユーミンの自宅でもこんな思い出がある。

「ママチャリ2台で玉川高島屋《タマタカ》に行って、グロッサリーで挽肉200グラムとか買ってね。『麻美ちゃんは面が割れているからやばいよ、ほら、さっさと帽子被って!』ってユーミンがひそひそ小声で言う。『ユーミンは?』『アタシ? アタシは大丈夫、誰も気づかないよ』って今度は大声で。声でわかっちゃう(笑)。ユーミンの手料理をつまみながら、人の悪口や噂とか、もう女子高生のノリです。ユーミンは料理上手で、何でもさっと作ってくれる。イサキの塩焼きに紅茶とか、不思議な組み合わせもあったけど

（笑）」

「麻美ちゃんはほんとに素直だからね。僕が下ネタを披露すると、それに輪をかけた自分の経験した下ネタを言うんだ。男気があるっていうのか、なんだかな」と正隆は笑う。

セレクトショップならロシア大使館向かいにあったアルファ・キュービックや乃木坂の国際文化会館、東洋英和女学院そばのエミスフェールに。買い物袋を幾つも提げて、お腹が空くとかつてキャンティ並びにあった狸穴蕎麦（麻布台藪そば）で天ざるを食べた。

「麻美ちゃんはドット柄のボウタイブラウスが素敵だった。彼女はモノトーンが似合った。カシミアのセーターを、ネイビー、チャコールグレー、ブラックと同じ系統の色で何枚も買うんです」

ユーミンが日本語詞をつけた「雨音はショパンの調べ」のリリースは84年。日本女性のイメージを覆すアンニュイな女性像を披露、大ヒットし、鮮烈な印象を残した。原曲はレバノン・ベイルート生まれのイタリアの男性シンガー、ガゼボの〝I　Like　Chopin〟だ。

「たまたまロンドンで耳にしたの。それで麻美ちゃんに歌わせたいと閃《ひらめ》いた」とユーミンは言う。

「麻美ちゃんはアイドルではないし、彼女に歌うっていうイメージもなかった。でも、直感ですね。彼女に『歌ってみない?』って持ちかけてみました」

当初、この曲には別タイトルがついていた。それは「ショパンを弾かないで」。

「麻美ちゃんが歌うんだったらもっと柔らかくしよう」

ユーミンがさらっとタイトルを変えた。

「麻美ちゃん、あなたは声量がある方じゃない。だからウィスパーっぽくね」

ミキサー手前のディレクターチェアに座るユーミンは、次々にアイディアを出した。

「ブレス(息継ぎ)とかも音の中にスルーさせたら」

ヘッドフォンを耳に当て麻美はボーカルブースからガラス越しにユーミンのディレクションに応えていった。

「ユーミンは歌詞も変えていくんです。それでどんどんリアルに情景が浮かぶようになっていく。♪Ｒａｉｎｙ ｄａｙｓ 気休めは 麻薬 Ａｈ……♪の中の、〝Ａｈ……〟のウィスパーのところには『ピアノの〜、曲』という歌詞がついていた」

歌詞を消すことで余韻が生まれ、そこに主人公の情感が漂う。この曲を一聴した正隆は「鳥肌が立った。とにかく空気感が素晴らしかった」と言う。

「気休めは 麻薬」というフレーズが引っかかり、ＮＨＫではオンエアされなかったが、

「どちらにしても、歌番組には一切出ませんでした。『ザ・ベストテン』や『夜のヒットスタジオ』からもオファーをいただきましたが、出演しないことが戦略だったようで

す」と麻美は言う。

「雨音はショパンの調べ」はヒットチャートをじわじわと上がり、オリコン週間チャート3週連続1位を達成する。

「東京タワーの真下にあるスタジオで、二人でクスクス笑いながらレコーディングした曲です。収録し終わって、首都高に乗って一緒にユーミンの家に帰る時に二人で見たクルマのテールランプの流れが綺麗だった。ヒットなんて思ってもみないことだった。一等賞を獲ったのはあれが人生最初で最後（笑）」

84年7月、麻美は唐十郎脚本のNHKドラマ「安寿子《やすこ》の靴」のロケで京都にいた。何千匹という蛍が舞う山の中で、夜の川に身体を沈めながらの撮影だった。

「三枝健起さんが演出で、大鶴義丹君のデビュー作でした。真夏の京都で1位を獲ったという知らせを聞きました。山奥の川べりのロケ地で、私は白いワンピースに赤いハイヒールを履いていた。アブラゼミの烈しい鳴き声と、親友のおかげで1位になったんだという思いがシンクロして、何とも忘れられない夏になりました」

歌番組には出なかった麻美だが、その後この曲を人前で3度歌っている。

最初は1987年3月に苗場で開かれたユーミンのライブ「SURF&SNOW」でギタリストの高中正義と。「今夜はスペシャルゲストが来てくれています」とユーミンが紹介し、ステージに立った。次が、これもまた人生最初で最後と麻美が言う、88年2

月の日本武道館コンサート。そして最後は、息子が学校を卒業した時の謝恩会だった。

「お世話になった先生とママ友にせがまれて、カラオケで歌いました」

「雨音はショパンの調べ」のヒットで、麻美とユーミンの紐帯《ちゅうたい》は一層強くなった。

「何とはなしに気が合いました。別業界の、まったく異次元の所にいて共通するものがあった。ユーミンとは打算なく付き合えました」

「雨音〜」は、麻美とユーミンがある意味共謀のノリで手掛けた作品だった。メロディも、詞も、小林麻美とユーミンという存在も、バブルという時代に全てシンクロし、アイコンとして人々の心に刻印された。

経済的にも自立し、時代の最先端で表現している二人の女性が互いに引き寄せ合い、打算なく向き合ってひとつの曲を作った。

「つるんで遊んでいた自分たちのやっている音楽が認められて、少し誇らしかった」

84年8月に、ユーミン作詞、「安全地帯」の玉置浩二作曲のシングル「哀しみのスパイ」と、ユーミンがプロデュースしたアルバム「CRYPTOGRAPH〜愛の暗号〜」も発売になった。

ユーミンの一声で、腕利きのミュージシャンが集まった。作家として安井かずみ・加藤和彦夫妻、井上陽水らが揃い、大人の品と艶を麻美のウィスパーボイスが表現してい

松任谷由実（左）と苗場で。1985年

る。

「ヒットしているうちにアルバムを出そうということになりました。スピード感に巻き込まれていくのは面白かった。怖いもの知らずで、考える間もなく矢継ぎ早に進めました」

「CRYPTOGRAPH〜愛の暗号〜」には、「雨音〜」のほか、麻美の好きなジェーン・バーキンの「Lolita Go Home」のカバーや、井上陽水の「TRANSIT」、ユーミンの「TYPHOON」も収録された。ロスで全曲のプロモーションビデオも撮影した。こちらのスタッフも超一流。まさにバブルの時代だった。

さらに87年、ユーミンは麻美のアルバム「GREY」をプロデュース。

「親友の麻美ちゃんのアルバムですから、それはもう一生懸命作りました。旅先からもせっせと楽譜を送ったりね」

アルバムと同タイトルの楽曲「GREY」は、「煙草の煙を空の色で表している」と麻美は言う。

グレイ…／黄昏が夜に名残りを惜しむグレイ
まだしばらくは明り灯さず／窓にもたれて／会えなくなったひとの気配抱きしめてみる

グレイ…／霧雨が街の影をうるますグレイ／忘れていった傘をひらけば／なぜかそこだけ／雨も時の流れも止まる静かな通り
私の心はアシュトレイ／灰を落とす彼のくせと／指先なつかしむ　小さな大理石
（小林麻美「GREY」）

「失恋の歌です。煙草の煙が灰色の空に溶けて、しまいには雨になる。雨のしずくは涙のように見えて、切なくて綺麗。私はユーミンの詩が大好きで、何とかその世界観を私の歌で表現しようと必死でした。『GREY』は特に難しかったけど、本当に美しい作品になりました」
アルバムのライナーノーツを、前年に直木賞を受賞した林真理子が書いている。
ユーミンは、歌によって小林麻美さんの過去の恋や思い出を暴いてしまった。そんな気がする。いや、暴くという表現は美しくない。かすかな意地の悪さと皮肉をもって、彼女の記憶をこっそりと調合し、とびきりのパルファムにしてしまったのだ。（略）
麻美嬢は堅固なまでに自分の城を持っている。（略）そしてその城の内部を、時々かい間見ることができるのがユーミンなのだ。（略）
ユーミンは、麻美嬢がこっそり打ち明けたいくつかのことを、メロディと詞にしてしまった。いやもしかしたら、麻美嬢は過去の男のことなんかひとことも言わなかったかもしれない。しかしそれがわからないユーミンではないのだ。たちまち彼女のイマジネーションにひっかけてしまっただろう。

（林真理子「GREY」ライナーノーツ）


「私はユーミンと特殊な時間を共有していたのだと思う」と麻美は言う。

ユーミンはそれを作品にし、アルバムができた。ミキシングテーブルに座るユーミンと、ボーカルブースの中に立つ麻美。

「はい、録《と》りますね」

「ちょっと違うな。もうちょっと」

ユーミンはトークバックで指示を出す。

ミュージシャンと女優という異業種で、それぞれ最先端を走る存在でありながら、プロデューサーと歌手という立場での共同作業は、密やかで痛快なある種の女同士の共犯関係でもあった。

異質性と同質性が紡いだものは、同性でありながらも自分にはない相手の個性に惹かれ、ちょっと悪戯めいた、東京人らしく粋な同志的共感とでもいうべきものを胚胎していた。

立場が違うからこそ、敬意をもって深いところで関わり合える。普遍的な女同士の友情を下地に、東京という場所で培われた二人の人生を投影した表現の軌道が交差したからこそ生み出された作品だった。

ダイヤルのあとには長い呼び出し音／不思議だわ　哀しいララバイ／安らかに聞いている
自由にすればいい　あのひとも私も／それなのにひとすじの糸を／もて遊び指に巻くの
Ｒａｉｎ　Ｒａｉｎ　信じさせて／ゆくえ知れぬ週末も　Ｗｏｏｏ／Ｔｒａｉｎ
Ｔｒａｉｎ　夜を渡る響きのような／せつなさを

（小林麻美「夜の響きを聞いている」）

「ＧＲＥＹ」リリースの翌年、88年2月に小林麻美は日本武道館でコンサート「ＨＵＭＩＤＩＴＹ」を開いた。

麻美が1年間、モデルとして身を寄せたナウ．ファッション．エージェンシーの岩崎アキ子はこのステージを観ている。

「終わりの方で麻美さんの声がかすれ始めて、しまいに（声が）出なくなった。そうしたら、『歌わなくていい！（ステージに）立っているだけでいい！』なんて客席から声がかかって。ああ、この人はそういう存在なんだと思いました」

麻美は別格だった。

アイドルが姿を現すとまず歓声が飛び交うものだが、麻美の場合、周囲が静まり返るのだった。拍手もなくため息。彼女には人を黙らせる美しさがあった。見る者が息を呑む、美しい存在だった。

自身のライブがあって武道館には来られなかったユーミンからはおめでとうというメッセージ、そして祝花が届いた。

「始まるまで、武道館だなんてどうしようと思っていました。真ん中に据えられた円形のステージの、センターに立ちました。始まりのカウントが間違って1分早くスタートした。イントロがバーンと響き、ステージがせり上がりました。覚悟が決まった。このままやり通そうと思い、いざ始まったら、動じることはなかった」

それでも武道館が終わった後はテンションが戻らず、眠れない日々が続いた。

このコンサートの「自分へのご褒美として」パリに行った。ジェーン・バーキンに会うために。

「パリ取材はどう？　バーキンに会うの」

好景気の時代だった。付き合いのあった女性ファッション誌「JJ」編集部はすぐさ

自動車のCM撮影のロケ地でのオフショット。32歳の頃

ま動き、タイアップが付いて夢が実現した。

1歳の娘を抱えてロンドンからパリにやってきたバーキンが、ブリジット・バルドーと別れたばかりのセルジュ・ゲンズブールとデュエットした「ジュ・テーム・モワ・ノン・プリュ」がエロティックな喘ぎ声でセンセーションを巻き起こしたのは69年。作詞・作曲家、写真家、小説家、映画監督に俳優、そして脚本も書く奇才、ゲンズブールと一緒になり、バーキンは娘のシャルロットをもうけた。

当時のバーキンの出で立ちといえば、切りっぱなしの白いデニムに白いTシャツ、足元はシンプルなバレエシューズ。ゲンズブールとパーティに出かける際はバストもショーツも透けたフリー・ザ・ニップルスタイルのミニドレスという大胆さでフレンチファッションのミューズとなった。

「隙だらけの口もとと、隙を見せない瞳……。ひとつの顔の中に、二つの正反対があるのがとても不思議で、魅力的だと思う」と言う麻美は、シャルル・ド・ゴール空港からバーキンのアパルトマンに直行した。

「涎《よだれ》まみれのフレンチブルを抱きながら、よく来たわねって。犬の涎がサンローランのコートに付いちゃうのも構わずに。2階で遊んでいたルー・ドワイヨンと、3階にいたシャルロットも、私にハーイ！って手を振ってくれました」

大きな瞳と大きな口。フレンチブルとサンローランの毛皮のコート、犬を下に降ろし、麻美の右手をボンジュールと包んでくれたバーキンの両手は温かく湿っていた。

「フォー・ジェーン、ジェーンのために。そして、わざわざ日本からやってきてくれた友だちのために」と、「フレンチの神様」と呼ばれたジョエル・ロブションが、パリ16区のジャマンを貸し切ってランチパーティを開いてくれた。

「有田焼の器には黒々と輝くキャビアがびっしり盛り付けられ、あの『ジャガイモのピュレ』も。クレームブリュレも生まれて初めて。至れり尽くせりのパーティに、バーキンはパリっ子にこの上なくリスペクトされているって知りました」

有田焼はロブションが寿司職人、小野二郎から譲り受けたものだった。彼は麻美のために、その器を使った。

馥郁《ふくいく》としたコーヒーの香りと焼き菓子《プティフール》、葉巻《コイーバ》の芳ばしい紫煙。時差とワインの酔いもあって、麻美は鼻の頭にうっすらと汗をかいた。

「そうだ、アサミに何か買ってあげるわ」

オペラ座前をかすめながらラファイエット通りからリヴォリ通りへ。バーキンはイギリスのファッションブランド「ヒルディッチ&キー」に麻美を連れ出した。サンローランやクラウディア・シファー、パロマ・ピカソなどセレブリティを顧客に持つ小ぶりなショップで選んでくれたブルーのカシミアセーターは、今も大切に着ている。

皇帝ナポレオンが古代ローマの建築様式を手本に造らせた凱旋門を中心に、12本の石畳の大通り《ブールバール》が放射状に延びている。

パリ市内のアパルトマンの高さは均一で、窓は開け放たれ、バルコニーには色とりどりの花を咲かせた鉢植えが吊るされている。

リヴォリ通りの向かいは緑溢れるチュイルリー公園、コンコルド広場の方尖柱《オベリスク》は「クレオパトラの針」と呼ばれ、カフェ・ド・平和《ラ・ペ》にはマルセル・プルーストやエミール・ゾラが通った。夜になればエッフェル塔がカルティエの宝石のように輝く。

「フロム・セルジュ」と刻印されたブレスレットがバーキンの細い手首で揺れていた。彼女はそのヴィンテージを眺め、「ここのところの石が欠けちゃった。カルティエに行かなくちゃ」と呟き、カルティエの工房に付き合うと、職人やデザイナーが美術品のような宝飾品を作っていた。応接間のソファに無造作に脱ぎ捨てられた彼女のコートはサンローランのオートクチュールで、首回りには特注のチンチラが。バッグもエルメスで特別にオーダーしたものだった。

翌日、麻美はサンローランでバーキンと同じコートを買い、エルメスでバッグをオーダーした。バーキンが持っていたバッグを説明すると、それは2カ月前にマダム・バーキンのために作ったものだという。エルメスの「バーキン」だった。

「同じものを作って、日本に送って下さい」

海辺のロケ地での撮影。31歳の頃

それはとんでもなく高価だったが、「また働けばいい。がんばって仕事しよう」。サントノレ通りをスキップしたい気分だった。

「Tシャツやジーンズも、バーキンが身に着けているものは、結局すべてハイブランドのものでした。でも、どれもそうは見えなかった。完璧に自分のものにしているんです。エルメスにしてもサンローランにしても、彼女の前では慎ましく引っ込んでいる。それがバーキン流のおしゃれ。私はそれを学びました」

Chapter 11
極秘出産

バブル末期だった。麻美と彼の関係は行きづまり、先がますます見えない暗闇の中を手探りで歩くようだった。寂しさを紛らわすように麻美は夕方になれば酒を飲み、タバコを吸った。

麻布あたりでスタイリストなど業界の友だちと飲み始め、酔っ払うとクラブ「芝浦ゴールド」に行き、そこでも酒を飲んだ。間断なくＤＪが繰り出す、無機質で浮遊感のあるハウスミュージックは、時おり足下を撫でながら通り過ぎる猫のように愛しかった。ゴールドの６階には「ＹＯＳＨＩＷＡＲＡ」と呼ばれる風呂のある店があり、首都高を行き交う車を眺めながらジャグジーに浸り、また飲み始め、気がつけば朝４時になった。

公共事業の拡大を目論んだ内需主導の経済政策と、相次ぐ公定歩合の引き下げは地価の異常な高騰、資産価値と株価の急上昇をもたらし、後年バブル経済と呼ばれた。それに伴う形で文化はどこまでも爛熟、乱調したが、バブル末期の１９８９年にオープンした芝浦ゴールドのビルからは大音量の音楽の重低音がドン、ドン、ドンと漏れ聴こえ、旧約聖書に登場するバベルの塔のごとく、人々の欲望とそこに見え隠れするそこはかとない不安を象徴するように怪しげに存在した。

事務所のガードで、麻美のプライベートは一切秘密にされていた。

麻美は不確かでぼんやりとした夜を過ごしていた。もう30歳をとうに過ぎていた。この先自分はどうなっていくんだろう。結婚や出産は……。このまま家庭も子どももない生活を送るのだろうか。周囲の同世代の女たちはひとり、またひとりと結婚し子をなし、家庭を築いていく。女にはリミットがある。寂しさという薄い影が少しずつ重なり、心の闇になっていった。周りに相談できる人は誰もいなかった。先が見えない不安に眠れない夜が続き、睡眠薬の量が増えていった。

「睡眠薬と酒浸りの私を見て、母はいっそ死んでしまいたいと漏らしていたそうです。母の葬儀の後、母の友人が、あなたのママはあの頃、いろいろ悩んでいたわよって。あの陽気な母がもう私死にたいわって、稔子を見てられないって。心を病んでいた私を母がとても心配していたと後になって知りました」

酒と睡眠薬を飲んで、翌朝ふらふらで仕事に出かけていく娘を案じる母だった。

そんな日が続いたある日、麻美は第一京浜をクルマであてどもなく走っていた。大森は麻美が育った場所だ。子ども時分、目の前は海で、料亭が並び芸者さんがいて、祖母は美容院を経営していた。父が麻美をクルマに乗せて、できたばかりの首都高を走った。中学に上がってマオと出会い、本牧のベースに出かけていった。有楽町の日劇へも――。

彼女は人生の底にいた。もうこれ以上堕ちることはない。結婚はできないだろう。でもせめて子どもは欲しい。

おしゃれで背が高くてハンサムだった父。本、酒、クルマやバイクが好きで、女性宅を泊まり歩き、家には数えるほどしか帰らなかった。

だから麻美は母とは違う幸せな家庭を夢見ていた。

学校からの道すがら、夕方の黄昏の中で窓に灯る他人の家の温かい灯りを見ては寂しい気持ちを募らせた。どうしてうちには、パパとママがいないの？

長じて、窓に灯る灯りは結婚して子どものいる幸せな家庭を思わせた。どれだけ泣いただろう。他の女性の存在に気付き、裏切られることもしょっちゅうだった。どうして私は結婚して家庭を築くことができないの？

結婚したい。子どもを持ち、家庭を築きたい。20代の頃は、夢のような結婚生活に憧れていた。

両親が家にいない寂しい少女時代を過ごしていたから、その思いは一層強かった。30歳を過ぎる頃から、結婚は諦めるしかないと自分に言い聞かせた。結婚という形を望まない人を愛してしまった。

でも、結婚という選択肢はいらないから、やっぱり子どもだけは欲しい。産みたい。未婚でもいいから子どもを育てながら、強く生きたい。

私にはそれができない。思い悩む日々が続いた。

そのときだった。何の理由もなく、ふっ……と力が抜けた。子どもを持たない人生だってあるよね、と。諦めではなかった。不安の闇が新しい光に照らされるように、ゆっくりと腑に落ちていった。気がついたら薬も飲まなくなっていた。

「今まですごくひっかかっていたことが、どこかに飛んだ。私って、とことん悩むとそれがふっと消えたりするんです。次のステージにポンッと行けた」

妊娠がわかったのは、それから半年後のことだ。


妊娠、出産、結婚と、それからの経緯は全て極秘裏で遂行された。

「(田辺エージェンシー副社長の) 川村龍夫さんでさえ知りませんでした。出産の1カ月前までラジオCMの収録がありました。風邪を引いたふりをしてエルメスの大きなストールをお腹に巻き、迎えのハイヤーに乗って、局に着くと、空咳をしながらスタジオに入りました」

妊娠は彼と付き合い始めて17年目の出来事である。

麻美が妊娠までの17年間、純愛を通せたのはスタッフや家族に「守られていた」からかもしれない。井上陽水が歌う「カナリア」のように、檻に入れられていた環境がそうさせたともいえる。

「妊娠がわかったときもシャンプーのコマーシャルの契約が残っていたんです。5カ月のお腹を隠して収録して、出産したのが1月です。翌2月にはCM撮影がありました。いつものように実家から出ていました」

麻美は未婚のまま出産した。

麻美がまず相談したのが北品川総合病院のドクターだった。高校の時に入退院を繰り返し、父の最期には手を尽くしてくれたドクターが、伝手《つて》を頼って大田区の個人病院を紹介してくれた。

「私は子どもが欲しかった。彼がどういう人生を送りたいのかというより、そこは自分を通してしまった。最後のチャンスだった」

田邊との結婚は望めなかった。それが彼の決めた生き方だった。

52歳だった田邊は完璧に仕事をし、人生を仕上げつつあった。自分が理想とする子育てや、子どもに対する教育には遅すぎると考えたのも不思議ではない。

でも、麻美は産むと覚悟した。

怖かった。不安で自分がこの世から消えてしまいそうだった。

彼に会いたいと心から思った。会って、大丈夫だよ、心配しなくていいんだよ、と言って抱きしめてほしかった。でもその言葉は麻美には夢だった。

「自分の生き様に合わせさせてしまった。周りにもたくさん迷惑をかけた。やっぱりある種の禊《みそぎ》というか、何かを捨てなければいけないって思った。あれほど親しかったユーミンも含めて芸能界の人とは一切会わなくなったのはそれです」


麻美のアルバム「GREY」に「遠くからHAPPY BIRTHDAY」という楽曲がある。麻美のためにユーミンが作った作品だ。

「私が子どもを産んだ年にその曲の歌詞を変えてユーミンが歌ってくれた。『お祝いよ。麻美ちゃんのために書き直したわ』って。嬉しかった！」

それが「Happy Birthday to You～ヴィーナスの誕生」。久保田利伸が「Happy Birthday to You」と間奏で歌うこの曲は、アルバム「DAWN PURPLE」に収録されている。

「『DAWN PURPLE』っていうアルバム自体が、〝夜明けの紫〟っていう意味だけど」と、ユーミンは自身のラジオ番組で語っている。「赤ちゃんって生まれたとき紫なんだってね、泣いた途端に赤くなるっていう、そういう〝DAWN〟なね」（「Yuming Chord」2017年10月13日放送）

楽曲タイトルにある「ヴィーナスの誕生」は、ルネッサンス初期、イタリアの画家サンドロ・ボッティチェリの同名作品にインスパイアされた。フィレンツェのウフィツィ美術館所蔵で、愛と美しさのシンボルとして誕生した姿が、いとも優美に描かれている。都会のディスコティックを舞台にかつての恋人を忘れられない孤独な女を描いた曲が一転、晴れやかな祝祭曲になった。イントロは胎児の鼓動を想起させる力強いパーカッション。覚悟を決めて新しい命を生みだした麻美のために、ユーミンが心を込めた。

Dear Friend／もうすぐ激しい痛みが来るわ
呼吸を整え立ち向かって／闇夜の海で目覚めた天使／光をめざし飛び立とうとしている／あなたとともがいて手をつなぎ
Dear Friend
あなたの世界が新しくなる／淋しいときでも孤独じゃない
幾千年もくり返された／本当の愛を得るための苦しみが／あなたを待つのね　おめでとう

前へ前へ前へ進むのよ　勇気出して／あなただけの歴史切り拓く
Ｈａｐｐｙ　Ｂｉｒｔｈｄａｙ　ｔｏ　Ｙｏｕ
（松任谷由実「Ｈａｐｐｙ　Ｂｉｒｔｈｄａｙ　ｔｏ　Ｙｏｕ～ヴィーナスの誕生」）

「ＤＡＷＮ　ＰＵＲＰＬＥ」は、91年12月2日付アルバムチャートでオリコン史上初の初動ミリオンを記録する。たった一人で息子を産んだ麻美が１００万の祝福を受けたことになる。ユーミンの直感の見事な勝利だった。

「麻美ちゃんの恋人が田邊さんだとは何となくわかっていました。麻美ちゃんと私、それと田邊さんの３人で会うこともあったから。でも、３人で会うって、今思えば、私は目眩《くら》ましだったのかな」とユーミンは笑う。

「麻美ちゃんは『待てる女《ひと》』です。『待つ』のではなくて、『待てる』。当時は家電《いえでん》しかなかった。だから麻美ちゃんは、絶対、家にいた。いつでも田邊さんの電話に出られるようにね。だから『待てる女』。ちなみに私は『待てない女』（笑）。男の子たちと一緒に飲みに行くでしょ。お開きになって、麻美ちゃんは家が同じ方向だからといって男の子のクルマには決して乗らなかった。身綺麗っていうのかな。そこまで人を好きになれるんだって思った。惚れて惚れて、一緒になったんじゃないかな」

「彼が好きだったから選択肢はそれしかありませんでした」と麻美は当時を回想する。

「それに、彼から褒められたことは公私ともに一度もありません。『全然それ違う』とか、『よくそんなことでやっていけるな』とか、叱られてばかり。でも叱ってもらってどこか嬉しかったのかもしれない。彼のそういう強さに惹かれていたんだと思います」

「親友の彼氏だったからね。田邊さんは半端なくモテた」とユーミンが言えば、「日光東照宮の『三猿』ってあるでしょう。私はその『見ざる言わざる聞かざる』だった」と麻美は言う。

「彼がどういう女性と付き合っていたのかを知りたくなかった。だから、見ない、言わない、聞かない。それぐらいしか自分を守る術《すべ》がありませんでした」

「男がいて、モテるという評判が立つとする。そうすると女はその男に挑むもの」とユーミンが語る。

「女たちはその男に近づいていって、誰かが勝つ。勝利した以上、何があっても女はその男を愛し続ける。そうでないと男は観念しない。で、麻美ちゃんは姿を消した。ただの結婚ではなく相当の覚悟でけじめをつけた。自分の有り様っていうのかな、それを貫いた。彼女は美意識が高い人。麻美ちゃんは麻美ちゃんで、確固たる雲としてしっかり空に浮かんでいました。女は女に憧れるという図式を作った」

姿を消し、25年間よそ見もせず育児に没頭したのは、「自分の決断に対するけじめ」だった。

「麻美ちゃんの中で何かが解《と》けたのかなって思いました」とユーミンはいなくなった麻美を想った。

「あれほど一緒だったのに。でも、それでよかった。友だちでい続けるのは、それはそれで大変だったと思う。神隠しみたいに姿を消してしまったけれど、気持ちは繋がっていると思う25年間でした」

二人は最後の電話を覚えている。

「私、これからも闘う」（ユーミン）

「私にはもうファイトがないの」（麻美）

ユーミンは、麻美の答えにこの人はショービジネスの世界に未練がないのだと受話器を握り締め、麻美は親友を失くす覚悟をした。

「尼寺に入るじゃないけれど、昔はそういうお別れがあったんです」

鮮やかな女の決別だった。

麻美は公の場に出ることはなくなった。芸能界の交友関係を一切絶った。

「小林麻美」は消え、私人として家に入った。

エピローグ

大学を卒業、就職し、社会人になった息子が初任給でご馳走してくれた。

「行きつけの洋食屋さんが麻布十番にあったんです。エドヤという老舗でチキンソテーを頂きながら、この25年間はなんて幸せな時間だったのだろうとしみじみ思いました。キャンティとか、そういうお店はお父さんにお任せ。私と息子は回転寿司。分相応のところしか行きません」

これでもう自分たちがいなくても生きていける、親としての役目も終わった、子育てをやりきったと感じた。そう思わせてくれたことへの感謝の気持ちが滲み出てきた。

「最近思うのは、半世紀近く、自分の想いを貫き通せる男《ひと》に出会えたことは幸せだったということです」

所属事務所社長とタレントとの関係から恋人になり、出産して結婚。麻美は仕事を辞め、互いに父と母になり――。

田邊と麻美は知り合って、もう50年近くになる。

何十回別れようと思ったかわからない。キリスト教の学校に行っていたから、意味もなく教会に行ったこともあった。「あの人と出会わなかったら、違う人生もあったのに」と考えたこともあった。

出産・結婚してから田邊は息子を連れて大森の実家を何度も訪ねてくれた。そこで麻美の母や叔母といろいろ話をしていた。みんな彼の話術に引き込まれた。自分はこれまでどう生きてきたか、芸能の仕事はどういうものなのか、そんなことを朝まで話していた。彼は麻美の家族に気を遣い、とても良くしてくれた。

「いろんなことありましたし、一緒に住んだこともあったし、ずっと離れていたこともあった。無意味な喧嘩もある。どうなんだろう。細かいところはあまり長すぎて忘れちゃいました。でもきっと今日まで彼についていっているのは、真面目だからとかじゃなく、彼を超えるほどの誰かに出会ってないということなんだろう」

田邊も息子を可愛がった。

「『忍者戦隊カクレンジャー』のショーを観に後楽園ゆうえんち（現・東京ドームシティアトラクションズ）や少年空手大会の荒川区民会館とか、行ったことのないところに息子と一緒に出かけていきました。お弁当をカバンに入れ、ＪＲや地下鉄を乗り継いで。

それまでの夫の人生とはかけ離れた、子どもとの関わりが楽しかったんだと思います。学校の行事もほぼ皆勤。彼にとってそんな生活は新鮮だったんじゃないでしょうか」

息子はいつか旅立つ。だからこそ、大切な日々……。

小学校に入ればその近くに引っ越し、学校の父母会の役員も引き受けた。「母の会」というものがあり、麻美は毎日のように学校に通い、会報の編集も手伝った。

「学校には芸能人やスポーツ選手の子弟が多かった。でも、そういう人たちとは距離を置いて、コンサートやお芝居に誘われても期末試験があるからってお断りしたり。私が試験を受けるわけでもないのにね」

と麻美は懐かしそうに回想する。

「洋服を買ったとしても着て行くところなんてなかった。息子にしても可哀そうだったのかもしれない。私がいつも一緒だったから。ママ、どこかに出かけてよって何度言われたことか。でもね、出かけたくても出かける場所がなかった。そんな私にも好奇心が燃えカスのように残っていたんですね。というより、（そうした好奇心を）敢えて見ないふりをしていたのかもしれません。洋服だって無難なものばかりを選んでいた。目立たないようにって。でも、どこかで『目立ちたい自分』がいたのかもしれない」

そして、やっと「目立ってもいいんだ」と思えた。

「お世話になったアートディレクターの石岡瑛子さん、カメラマンの横須賀功光さん、ヘアメイクの野村真一さん……。結婚して私がこの世界から姿を消しているうちに、多くの方が亡くなってしまった」

その間、麻美は自分の想いを田邊に貫いた。

「諦めたことや失くしたものもあったのかもしれないけれど、悔いはありません。夫には感謝しかありません。ずっと大切な人なんです。私が、夫である田邊のことをこうしてお話しするのは、初めてのことです」

ある日は、息子の母校慶應義塾大学大教室で開かれた作詞家松本隆のシンポジウムに出かけ、またある日は、布袋寅泰のステージへ。

布袋のステージにゲスト出演した俳優ののんが披露したギタープレイに感動すると、息子と同学年のテレビ・プロデューサーにつき合ってもらって渋谷の楽器店でエリック・クラプトンモデルのフェンダー・テレキャスターを買ったり。

音楽は不思議だ。メロディと歌詞は誰をも瞬く間に10代のあの頃に戻してしまう。

こうして実り多い人生の秋《とき》を迎えた小林麻美が、いま最も大事にしていることは、「I will」、自分を生きていくという意思なのだ。

（文中敬称略）

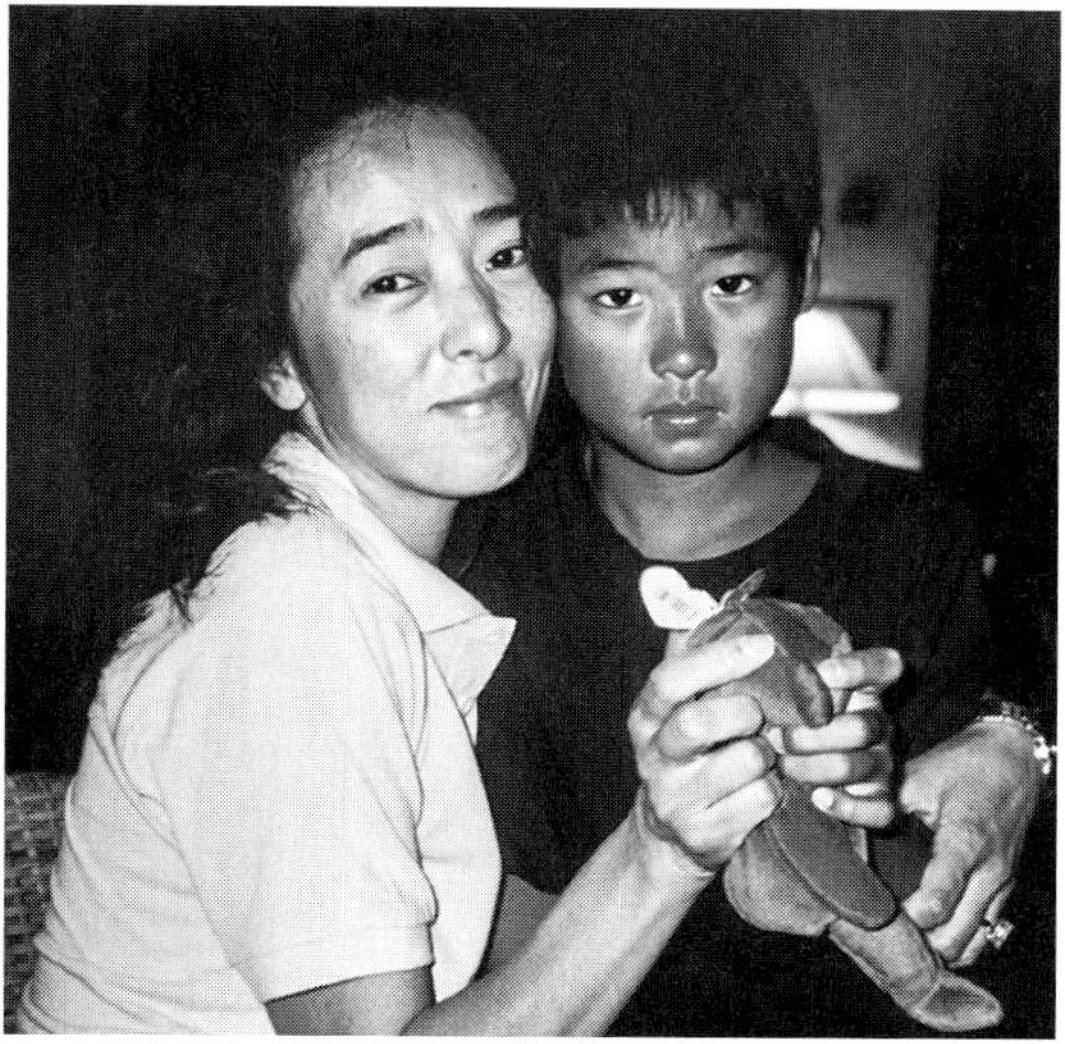

43歳の頃、自宅で息子と

あとがき

小林麻美

退院の朝。

その頃私はまだ普通に仕事をしていて、妊娠も出産も、仕事先はもちろん、現場のマネージャーも、親戚も、友人たちにも極秘だった。私と彼と母と叔母、そして病院のスタッフ数人。知っている人は本当にそれだけだった。

ずっと人目を避けて、早朝や夜、診察時間が終わってから病院に通っていた。院長も看護師さんたちも皆気を使って下さり、入院、出産も授乳も、時間をずらして誰にも会わないようにしてくれた。だから病院から私の出産がマスコミに漏れる事はなかった。

退院した後すぐに、CM撮影が待っていた。体も心も戻さなくては！　そして、何もなかったように現場に復帰しなくては！

そして私は、本当に何もなかったように出産1カ月でCMの撮影をこなした。

退院はよく晴れた冬の日の早朝だった。

まぶしい朝陽と、冷たい空気の中、院長にお礼を言って、母に抱かれた息子と私が、いつものように病院の裏口からそっと出ようとした時、院長の声がした。

「息子さんは、正面玄関から堂々と退院させなさい！」

院長と数人の看護師さんが、正面玄関のドアを開けて待っていてくれた。

私はこらえきれず泣いてしまった。

「ありがとうございます」

そう言うのが精一杯だった。私は裏口のドアから、そして息子は母に抱かれて、病院の正面玄関から、堂々と退院した。

バブルが崩れ始めた不気味な音の中……52歳と37歳の私たちは親として歩き始めた。

その道は想像を絶する大変さと、
想像を絶する幸せの時間の始まりでもあった。


あの日から30年が過ぎようとしている。

一人で育てると決めて歩き出した私を、家族という形で3人で歩こうと決めてくれた主人。

結婚して、何の心配もなく子育てに専念し、子どものことだけを考え生きた25年間は私の宝物。一人ではここに立っていられなかった。

主人に心から感謝している。

そして息子も自立し、私も少し自分のことを考える余裕ができたとき、ユーミンと再会した。

武道館のライブを観た数日後、30年ぶりに二人で飯倉のキャンティに行った。

いつもの席で、いつものディップサラダ、ワイン。まるで先週も来ていたみたいに、普通に笑って話していることが不思議だった。

ユーミンはスーパースターとして、私は母として、まるで違う道を歩いてきたのに、何の違和感もなかった。

そして今年2月、33年ぶりに苗場ライブへ行った。

リクエストコーナーで二人で「雨音はショパンの調べ」を歌った。

1コーラス目をユーミンが、2コーラス目を私が、武部聡志のピアノで。

「こんな日が来るなんて」とユーミンが言った。

33年間、本当にお互い色々なことがあったね！と二人で抱き合って泣いてしまった。

本当に、こんな日が来たんだ。

会わなかった時間。
私は心の何処かで、
　いつかきっと、またまじわる日が来ると信じていたのだと思う。

私の大切な家族、そして親友。
　長い人生を一緒に歩き、ぶつかり、転んだり、泣いたり、笑ったり。
ありがとう。
感謝でいっぱいです。
　そしてこれからも、
少しだけ後ろからついて行くから。

　２０２０年春

文庫版あとがき

小林麻美

制服のままいつも一人で銀座に映画を観に行っていた。15歳の私は早く30歳になりたいと思っていた。スクリーンの中のキム・ノバクのようなショートヘアの大人の女性に憧れていた……。

18、19、20歳はアイドル歌手だったりしたけれど、その私生活は本当にめちゃくちゃだった。

そして30歳にはなったけど、あい変わらずのロングヘアで恋に悩み、中島みゆきを聴いては毎日泣いてばかりいた……。

40歳は子育てという未知の世界で髪振り乱し、あれこれ考えるヒマも余裕もなく、あっという間に過ぎ去った。

ふり向くといつの間にか50歳になっていた！

60歳還暦も、〝なんだ、こんなもんね!!〟と軽くジャンプして飛び越えた。

そして今、70歳を目前にして悶々としている私がいる。69歳と70歳……この1歳の壁は、はてしなく重く深く感じられる。歳を重ねる事は恐くない、素敵な事だとずっと思ってきて、そんな先輩も周りにいるのにこの漠然とした不安は何なんだろう……。

37歳で息子を出産して仕事を辞めるまで、小林麻美として素晴らしい仕事を才能あふれる人達とさせて頂くことが出来て幸せだった。

そして子育ては大変な事もあったけど、本当に本当に幸せで楽しい時間だった。

息子はもう30歳を過ぎた大人でサラリーマンとして働いているけど幾つになっても子供は子供で、いつも息子を思い見つめている私がいる。きっと私の両親もそんな思いで私を見守ってくれていたんだと感謝の気持でいっぱいになる。

20歳で主人と出逢ってから半世紀！　50年が過ぎた！　お互い立派な大人になりました（笑）。

さて、明日からの私はどんな風に時を過ごし、歳を重ねていこうか……。

私の取り柄はミーハーなこと！

歳のわりには素直に何でも受け入れられる！

もうこの際何でもやってみよう!!

行きたい所はすぐ行く！　やりたいと思ったら、とりあえずやっちゃう！（すでにずっと前からやってるよね……という心の声も！）

韓国語も習いたいし、タンゴアルゼンチーノも踊ってみたい。エレキギターもつづけたい。あれもこれも実はやってみたい事が沢山ある。

これからは年齢に囚われず、私を生きよう。

朝は窓を開けて風と話し、
部屋を整えて静けさを聴く、
コーヒーの香りを味わって、

〝今日も元気〟と言葉にしよう。

そして、とりあえず笑おう。

今までなら断っていた約束や誘いも、とりあえず行ってみよう。新しい出逢いや発見があるかもしれない。

私の座右の銘は、『風と共に去りぬ』のラストシーンの、スカーレット・オハラの言葉。

〝Tomorrow is another day〟

「明日は別の日がやってくる」

あんなに強くはなれないけれど、凜として立って歩いていきたい。

明日は明日の風が吹くから。

２０２３年秋

解説

酒井順子

小林麻美の姿を私が初めて認識したのは、資生堂のCMにおいてだった。当時は、化粧品会社が季節ごとに大々的なキャンペーンを打っており、そこで採用されたモデルや曲なども、おおいに注目されたもの。小林麻美は、尾崎亜美の名曲「マイピュアレディ」と共に、CMに登場していたのだ。

撮影当時の彼女は、二十三歳。「ピュア」という言葉がぴったりの美しさだったのであり、小学生だった私はそのCMを見て、大人への憧れを膨らませたものだった。

本書には何度も「憧れ」というキーワードが登場するが、当時は人々が憧れることができる時代だった。誰もが何かを仰ぎ見て、近づきたい、手に入れたいと思っていた。「憧れ」が消費につながり、日本は景気を拡大させていったのであり、小林もまたその流れの中に存在したのだ。

本書によると当時の彼女は、すでに現在の夫である田邊昭知との交際を始めていた。

「マイピュアレディ」の撮影でカリフォルニアに滞在した折は、四十五日間毎日、エアメールを書いていたのだという。

その後、小林麻美はぐっと大人っぽい印象に変わっていく。当時流行っていた、ロングのソバージュヘアをかき上げる時に醸し出されるアンニュイさは極めて都会的で、芸能界で活躍する他の女性達とは一線を画す印象を覚えたものだ。

なぜあの頃の小林麻美は、憂いを帯びた視線で世を眺めていたのか。その答えは、本書の中にある。

東京は大森に生まれ、美男美女の両親のもと、恵まれた家庭に育った彼女。しかし父親には別に複数の女性がいて、家庭を顧みない。母親は外出がちで、夕食もお弁当も、お手伝いさんが作ったものだった。

「お金なんかいらないから、いつも学校から帰ってきたら『お帰り』ってママがいて。それでよその家の子のように、おやつに鼻紙で包んだかりんとうを貰いたい」

という彼女の訴えは、切実である。そこには、家はあっても「家庭」が存在しなかった。

家の中の寂しさから逃れるかのように、彼女は遊ぶ。中学時代には東京独逸学園に通うボーイフレンドと一緒にパーティーへ行ったり、米軍キャンプで知り合ったボーイフレンド達と外泊したり。はたまた日劇ウエスタンカーニバルに通っては補導されたりという、正真正銘の不良少女だったのだ。

ＣＭによく登場していた頃の小林麻美の黒目がちの瞳に、諦念のような悲しみのようなものが宿っていたのは、このような背景があったからなのだろう。芸能界の仕事をガツガツしている感じが、彼女の姿からは漂わなかった。彼女が本当に欲していたものは、芸能界における成功ではなかったのだ。

田邊との恋愛について、

「父性の喪失が、私たちの共通項だったかもしれません」

と、小林は語っている。家に帰らない父を持った彼女は、

「私は父のような存在が欲しかった。自分の世界を切り拓いていくような」

との思いを持っているのであり、十五歳年上の田邊は小林にとって、父と重ね合わせることができる存在だったのだろう。

しかし田邊と小林は、結婚できない関係だった。自社に所属するタレントと交際することはご法度で、田邊は結婚を望んでいない。二人の関係はずっと隠されることになる。

結婚できない相手である田邊を、小林は待ち続けた。あの都会的な女性が、ほとんど演歌のように待ち、耐えていたのだ。

本書が描き出す、小林麻美のもう一人の運命の相手は、ユーミンこと松任谷由実である。同じ学年で、育った境遇も似ていたこともあり、二人は、

「私とユーミンは前世でも姉妹、いや夫婦？」

と小林が語るほどの仲に。〝下品ではない不良少女〟出身のユーミンと小林は、ソウルメイトであり、戦友のような存在だったのだろう。

二人の蜜月時代、別れ、そして再会。本書は、二人の友情の変遷をも描き出す。小林は、田邊と交際して十七年目に妊娠し、独身のまま極秘裏に出産する。その時にユーミンが、元々は小林のアルバムのために作った曲を書き直してお祝いとして歌ったのが、「Ｈａｐｐｙ Ｂｉｒｔｈｄａｙ ｔｏ Ｙｏｕ ～ヴィーナスの誕生」だという事実を知って、私は「そうだったのか……！」と目を見張った。

「ＤＡＷＮ ＰＵＲＰＬＥ」は、一九九一年、バブルが崩壊する頃に発売されたアルバムである。一九八〇年代からバブル期にかけて、ユーミンのアルバムは空前の売り上げを叩き出していたのであり、毎年冬に発売されるニューアルバムを、私達は神からのご託宣のように待っていたものである。

そんなアルバムの一曲目に、小林の出産を祝う曲は配置された。人々が浮かれて恋愛を繰り返していた時代、ニューアルバムの一曲目に出産の歌……？　という軽い違和感が、当時はあった。しかし時代の先端を行くユーミンだからこそ、「これからは、出産」的な意味を込めた歌なのかも、と聴いていたのだ。

しかし本書を読み、〝ヴィーナス〟が小林麻美であるという真実を知った上でこの曲を聴くと、歌詞が胸に迫って、目頭が熱くなってくる。出産によって生まれ変わろうとする友を祝福するこの歌は、小林の恋と孤独と覚悟を知っている親友にしか書くことのできないエールだったのだ。

それは同時に、はなむけの曲ともなる。

「私、これからも闘う」

と言うユーミンに対し、

「私にはもうファイトがないの」

と小林は言った。小林はユーミンのみならず、芸能関係の交友を一切絶ち、姿を消したのだ。

それから長い年月が経ち、小林の息子が就職した後に、二人は再会。かつてと変わらぬ友情が、たちまち復活する。ユーミンは芸能の世界で戦い続け、小林は子供を愛し、守るという戦いを続けた結果の、リユニオンだった。

本書を読み、憧れの小林麻美がこのようにドラマティックな人生を送っていたとは、と驚いた私。書き方によってはスキャンダラスに取り上げられかねない事実の数々が丁寧に記された本書は、著者の取材に応えた人々と著者との間に深い信頼関係が存在しなければ、成立しなかったものであろう。

著者の延江浩氏は、エフエム東京に長年勤務し、「村上RADIO」等、数々の名番組を世に出したラジオマンである。同時に、一九九三年に小説現代新人賞を受賞してデビューした小説家でもある。

その昔、縁あって延江氏と知己を得た私だが、彼の武器は、尋常でなく強い〝好き力〟であろう。ラジオの世界はもちろんのこと、音楽、小説、映画など様々なジャンルにおける才能豊かな人々を愛し、敬意を抱き続ける力を、彼は持っているのだ。

それは、憧れる力と言うこともできる。若者達が何かに憧れることを諦めてしまった今の時代であっても、延江氏は男女やら長幼やら国籍やらの区別なしに、眩しく輝く存在に対して素直に手を伸ばし続ける。だからこそ、小林麻美やユーミンといったスター達との間に、深い信頼関係を築くことができるのだ。

小林麻美の美しい人生を描く本書は、憧れるという行為の甘酸っぱさを思い出させる本でもある。ロングのソバージュヘアを揺らす物憂げな瞳の女性を、「素敵！」と眺めていたあの頃の自分に、四十年以上が経った今も小林麻美は素敵な大人であり続けていることを、伝えたくなった。

（エッセイスト）

参考文献
仲井幸二郎『口訳　日本民謡集』蒼洋社
松本清張『事故　別冊黒い画集（１）』文春文庫
『小学校国語　六年下』学校図書
フランソワーズ・サガン『悲しみよこんにちは』朝吹登水子訳、新潮文庫
西條八十『西條八十全集　第六巻』国書刊行会
小田実『何でも見てやろう』講談社文庫
フランソワーズ・ジロー、カールトン・レイク『ピカソとの日々』野中邦子訳、白水社
アリス・ローソーン『イヴ・サンローラン——喝采と孤独の間で』深井晃子監訳、日之出出版
堀威夫『わが人生のホリプロ　いつだって青春』小学館文庫
ロバート キャンベル『井上陽水英訳詞集』講談社
ジョエル・ロブション、エリザベス・ド・ムルヴィル（インタビュー・構成）『ロブション自伝』伊藤文訳、中公文庫
松任谷由実『ルージュの伝言』角川文庫
三島由紀夫『近代能楽集』新潮文庫
近松門左衛門『曾根崎心中　冥途の飛脚　心中天の網島　現代語訳付き』諏訪春雄訳注、角川ソフィア文庫
マガジンハウス編『平凡パンチの時代　失われた六〇年代を求めて』マガジンハウス

引用歌詞クレジット
パープル・ヘイズ　作詞・作曲：ジミ・ヘンドリックス
サマータイム　作詞：デュボーズ・ヘイワード　作曲：ジョージ・ガーシュウィン
恋の季節　作詞：岩谷時子　作曲：いずみたく
初恋のメロディー　作詞：橋本淳　作曲：筒美京平
ア・ソング・フォー・ユー　作詞・作曲：レオン・ラッセル
悲しみのバラード　作詞：バーニー・トーピン　作曲：エルトン・ジョン
ノー・ノー・ボーイ　作詞：田邊昭知　作曲：かまやつひろし
カナリア　作詞・作曲：井上陽水
GREY　作詞・作曲：松任谷由実
夜の響きを聞いている　作詞・作曲：松任谷由実
Happy Birthday to You～ヴィーナスの誕生　作詞・作曲：松任谷由実

〈初出誌〉「ＡＥＲＡ」二〇一八年八月二十七日号・九月三日号
（「第二幕——小林麻美とその時代」（前後編）を大幅に加筆修正）
〈単行本〉『小林麻美　第二幕』　二〇二〇年三月　朝日新聞出版刊
文庫化にあたって改題・加筆・再編集しました。
〈ＤＴＰ制作〉ローヤル企画

文春文庫

小林麻美《こばやしあさみ》 I will《アイウイル》

定価はカバーに
表示してあります

2023年11月10日　第1刷

著　者　延《のぶ》江《え》　浩《ひろし》
発行者　大沼貴之
発行所　株式会社　文藝春秋

東京都千代田区紀尾井町3-23　〒102-8008
TEL 03・3265・1211㈹
文藝春秋ホームページ　http://www.bunshun.co.jp

落丁、乱丁本は、お手数ですが小社製作部宛お送り下さい。送料小社負担でお取替致します。

印刷製本・TOPPAN

Printed in Japan
ISBN978-4-16-792132-3

（　）内は解説者。品切の節はご容赦下さい。

曽野綾子
百歳までにしたいこと
2021年に90歳を迎え、作家生活70年を超える著者。老年を生きるための心構えを説き、真の人間力とは何かを指し示す。「人生百年時代」の道しるべになってくれるエッセイ集。

そ-1-27

俵　万智
牧水の恋
旅と酒の歌人・若山牧水は恋の歌人でもあった。若き日を捧げた女性との出会い、疑惑、別れに、自ら恋の歌を多く詠む著者が迫る。堺雅人氏も絶賛のスリリングな評伝。（伊藤一彦）
た-31-10

夏目鏡子　述・松岡　譲　筆録
漱石の思い出
見合いから二十年間を漱石と共に生きた鏡子夫人でなければ語り得ない、人間漱石の数々のエピソードを松岡譲が筆録。漱石研究に欠かせない古典的価値を持つ貴重な文献。（半藤末利子）
な-28-1

中村　徹・松本博文
天才 藤井聡太
史上最年少でプロ棋士となった藤井聡太の活躍は、想像のはるか上を行く。師匠・杉本昌隆、迎え撃つ王者・羽生善治、渡辺明、精鋭揃いのライバルたちの証言が明らかにする天才の素顔。

な-79-1

七崎良輔
僕が夫に出会うまで
幼い頃から「普通じゃない」と言われ、苦しみ続けた良輔。片思いと嫉妬と失恋に傷つきながら、巡り会えたパートナーと幸せを摑むまでを描く愛と青春の自伝エッセイ。（ホラン千秋）
な-83-1

新田次郎・藤原正彦
孤愁〈サウダーデ〉
新田次郎の絶筆を息子・藤原正彦が書き継いだポルトガルの外交官モラエスの評伝。新田の精緻な自然描写に、藤原が描く男女の機微。モラエスが見た明治の日本人の誇りと美とは。（縄田一男）
に-1-44

（　）内は解説者。品切の節はご容赦下さい。

星野　源
よみがえる変態
やりたかったことが仕事になる中、突然の病に襲われた。まだ死ねない。これから飛び上がるほど嬉しいことが起こるはずなんだ。死の淵から蘇った3年間をエロも哲学も垣根なしに綴る。
ほ-17-3

松尾　諭
拾われた男
自宅前で航空券を拾ったら、なぜかモデル事務所に拾われた。フラれてばかりの男が辿り着いた先は。自称「本格派俳優」松尾諭、笑いと涙のシンデレラ(!?)ストーリー。（高橋一生）
ま-43-1

三好　徹
チェ・ゲバラ伝　増補版
世界記憶遺産として南米だけでなく全世界で人気を誇る英雄・ゲバラ。裕福な一族に生まれた男は、なぜ医者の道を捨て、革命に身を投じたのか？　不朽の傑作評伝。新章追加。
み-8-13

みうらじゅん　編
清張地獄八景
松本清張を敬愛するみうらじゅんの原稿を中心に、作家や映像化に携わった役者、夫人や元同僚による清張に関する記事、清張自身が書いた手紙や漫画などたっぷり収録。入門書に最適。
み-23-9

文藝春秋　編
向田邦子ふたたび
飛行機事故で急逝した向田邦子の死を惜しみ、文壇関係者らが寄せた追悼文、弔辞、回想からその素顔に迫る。若き日のポートレートなど百余点の秘蔵写真も収録、全魅力が蘇る一冊。
む-1-24

文藝春秋　編
向田邦子を読む
作家としての軌跡、思い出交遊録、家族が見た素顔——今なお色褪せない向田邦子とその作品の魅力を、原田マハ・小川糸・益田ミリ・小林亜星らが語り尽くす。永久保存版の一冊！
む-1-28